詳解

宮廷と有職の染織

八條忠基

角川文庫
24516

はじめに——宮中の装束

律令で定められた宮廷の装束は、平安時代の国風文化に育まれ完成しました。王朝の美意識を受けて色彩や文様などのしきたりが生まれ、それは「有職故実《ゆうそくこじつ》」と呼ばれて千年の時の流れの中でより流練され、今日まで生き続けています。

近代の宮廷装束を語るとき、髙田装束店を避けて通ることはできません。江戸《えど》時代前期、寛永《かんえい》年間に京都で創業し、内蔵頭山科《くらのかみやましな》家の御服所に奉仕した同店の人々。明治維新の激動期に山科・高倉《たかくら》両家の調進が差し止めとなり、西陣《にしじん》の御寮織物司《ごりょうおりものつかさ》の製織も危機に瀕《ひん》したとき、伝統を守ったのが髙田茂（のち髙田装束店と改称）であったのは間違いありません。新政府の依頼により東京市麴町区《こうじまちく》（現在の千代田《ちよだ》区）に移転し、宮内省御用を務めました。

明治二十二年（一八八九）の伊勢《いせ》の神宮式年遷宮に当たり、衰退した旧御寮織物司では御神宝装束の製織をすることが難しいということになり、髙田装束店は明治二十年（一八八七）に東京に織物工場を設け、西陣の技術者を招き無事に製織納品することができました。やがて製織工場は京都にも設けられます。こうした努力なくして有職織物の伝統の継承は果たされなかったであろうことは想像に難くありません。

時代の流れの中で、東京都千代田区九段南《くだんみなみ》の髙田装束店が惜しまれながら店を閉じたのは平成二十八年（二〇一六）のこと（別会社として同年創業された京都の（株）髙田装束店や、銀座の髙田装束（株）は盛業中）。調進控や雛形《ひながた》、下賜品、江戸時代以来の文献など、膨大な資料が残されました。こうした資料は散逸すると史料的価値が下がってしまいます。それを恐れた篤志家の手を経て、日本文化愛好家・宮崎訓子氏が管理するところとなりました。日本の染織史・有職故実の研究にまたとない貴重な資料が散逸を免れて一括保全されたことは、まことに有り難いことです。惜しみなく資料を撮影させてくださいました同氏に改めて深く感謝申し上げます。本書掲載分は膨大な資料のごく一部ですが、こうして守られた近代宮廷文化の雅《みやび》やかな美しさ、伝統の重みは永遠の耀《かがや》きを持って末永く受け継がれてゆくことでしょう。

戦前の髙田装束店
（東京市麴町区）

束帯《そくたい》

平成の即位礼での束帯

束帯《そくたい》は奈良時代の『養老令《ようろうりょう》』により定められた朝廷での勤務服「朝服《ちょうふく》」が変容した装束です。平安時代中期の摂関政治の時代に勤務形態が立礼《りゅうれい》から座礼に変化し、次第にゆったりとしたシルエットのものに変容しました。平安時代後期の院政の時代になりますと、政治の中心場面が規則のゆるい上皇の御所に移り、束帯は、内裏において着用する儀式用の服装という扱いになりました。

大正の大礼使総裁・伏見宮《ふしみのみや》貞愛《さだなる》親王

日本の最高儀式である天皇の即位礼においては、『養老令』以来の純中国風な「礼服《らいふく》」が着用され続けてきましたが、明治天皇の即位礼（一八六八年）で礼服が廃止されて束帯着用での儀式となり、名実ともに束帯が第一礼装になりました。

近現代の宮中においては天皇が祭祀《さいし》を行う際のほか、束帯が着用される機会はほぼなくなりましたが、即位礼では現在も束帯が用いられます。

衣《い》冠《かん》

画像：井筒グループ

平安時代の細身の束帯は窮屈で、夜間の宿直勤務には不向きでした。そこで束帯の表《うえの》袴《はかま》をゆったりとした指貫《さしぬき》に替え、下襲《したがさね》も省略した装束を「宿《とのい》装束」として用いるようになります。これが衣《い》冠《かん》です。これに対して束帯は正式な朝廷勤務服として「昼《ひの》装束」と呼ばれました。天皇の宮中（内裏）では鎌倉《かまくら》時代になっても束帯装束が求められましたが、上皇の御所では衣冠が昼間でも公服として用いられました。

画像：井筒グループ

室町《むろまち》時代以降は束帯は重要な儀式で着用されるだけになり、昼間の宮中でも衣冠が一般的になります。それにより衣冠にも軽重が生まれ、袍《ほう》の下に単《ひとえ》を着る「衣冠単」を正装とし、日常は単を着ない「衣冠」を用いました。

現代の宮中でもこの区別があり、たとえば即位礼にかかわる勅使発遣《はっけん》の儀などでは、勅使は衣冠単で、参列する侍従たちは衣冠を着用します。宮中祭祀における神事担当者「掌典《しょうてん》」も衣冠を着用します。

小直衣《このうし》

昭和の大礼で小直衣を着用した皇族たち

平安時代の狩衣《かりぎぬ》はその名のとおり、鷹狩《たかがり》をする際に着用するスポーツウエアのような衣類で、中下級の貴族たちが日常着として用いました。上級貴族は直衣《のうし》を日常着として狩衣は着用しませんでしたが、平安時代中期の藤原道長《ふじわらのみちなが》は革新的な気風を持ち、大臣になっても狩衣姿で外出するなどしたため、狩衣が豪華になり、院政の時代になると上皇御所では上皇以下の近臣たちが狩衣を日常に用いるようになりました。

（京都国立博物館蔵）

しかし大臣や大将といった高位高官たちは、狩衣ではあまりにも軽便過ぎると考え、狩衣の裾《すそ》に袍と同じような「襴《らん》」を付けた「狩衣直衣」を用いるようになります。これが小《こ》直《のう》衣《し》です。鎌倉時代から室町時代になると摂関家や幕府将軍が用いるようになり、儀式服に位置づけられました。江戸《えど》時代は『禁中《きんちゅう》 並《ならびに》公《く》家《げ》諸法度《しょはっと》』で天皇の日常着と定められます。

近現代では即位礼など重要儀式の「習礼《しゅらい》」（予行演習）で男子皇族が着用します。

五衣《いつつぎぬ》唐衣《からぎぬ》裳《も》

画像：井筒グループ

いわゆる「十二単《じゅうにひとえ》」です。平安時代中期頃まで貴族社会の女性たちは髪を結って櫛《くし》を挿し、装束は唐風《からぶり》のものでしたが、藤原道長の時代に髪型が垂髪《すいはつ》となり、現代の十二単のような装束を身につけるようになったようですが、その時期や契機はよくわかっていません。

本来は「女房《にょうぼう》装束」と呼ばれて貴人に仕える女房たちの装束でした。特に腰に結んで後ろに曳《ひ》く裳《も》は、侍女のシンボルであったことが『源氏物語』などからもわかります。

画像：井筒グループ

鎌倉時代頃から宮中での装束簡略化が進み、裳と唐衣《からぎぬ》を着用する女房装束は着用されることが稀《まれ》になります。それと同時にこの姿は、女房の装束ではなく女子の最高礼装のような位置付けとなりました。現代は宮中の女子最上装束として「五衣唐衣裳《いつつぎぬからぎぬも》」と呼ばれます。

江戸時代までは儀式に女子が参加することが少なく、五衣唐衣裳の細かな約束ごとや着付けのルールなどは、大正の即位礼で統一されたものです。

五衣小袿《いつつぎぬこうちぎ》

画像：井筒グループ

平安時代の女房が着用したのは十二単でしたが、妃や姫など主人格が着用したのが小《こ》袿《うちぎ》です。小袿は重ね着する袿の裾を短くして「つい丈《たけ》」（身長の丈）にしたもので、重ね袿の上に羽織りました。鎌倉時代に十二単の着用が減ると、女子の正装は小袿姿となります。やがて丈が長くなり、袿と同じサイズになりますが、表地と裏地の間に「中陪《なかべ》」を入れるなどで区別しました。近現代の宮中では五衣唐衣裳に次ぐ正装とされます。

女官夏の袿《けい》袴《こ》礼服

画像：井筒グループ

平安時代の貴族階級の女子たちが日常に着用したのが袿《うちぎ》で、何枚も重ね着して季節の色彩のグラデーションを楽しむ「重ね色目」が考案されました。室町時代になると宮中の女子装束の簡略化は著しいものとなり、普段は白小《しろこ》袖《そで》に紅《くれない》袴《のはかま》をつけただけの姿で、改まった際に袿を羽織ることで礼装とするようになりました。

近代においては宮中に参仕する女子の基本的な服装となり、それは大正時代になっても同様でした。

女官袿袴礼服

画像：井筒グループ

明治時代になり、文明開化・欧米化が強力に推進されるようになると、宮中の女性たちも積極的に外出するようになります。その際、裾を曳く袿姿のままでは歩行が困難であるため、裾をたくし上げた形に着付けました。これが「道中着」あるいは「途中着」と呼ばれる着用法です。足には袴と同じ生地を張った洋靴を履き、非常に歩行がしやすくなっていて、昭憲《しょうけん》皇太后（明治天皇皇后）の富岡《とみおか》製糸場行啓などでも用いられました。

女官袿袴通常服

画像：井筒グループ

明治十三年（一八八〇）、勅任官夫人の宮中参内装束として「袿袴《けいこ》」が定められ、明治十七年（一八八四）には高等女官や高等官夫人の宮中服として「袿袴ノ制」が内達されます。この規則では、礼服・通常礼服・通常服の三種に分かれ、それぞれの袿は生地の地質などが詳細に定められました。「道中着」としての便宜を図って袿は短めに仕立てられるようになり、小袿と袿は名称と実際のサイズとが逆転してしまいました。

袿袴道中着姿の梨本宮《なしもとのみや》守正《もりまさ》王妃伊都子《いつこ》

明治二十年（一八八七）から女子の宮中装束は洋装が導入されました。しかし袿袴も命脈を保ち、即位礼大饗《たいきょう》の儀や新年参賀、観桜会・観菊会などでの着用が続けられました。

現代の宮中では、皇后が装束で儀式を行う際に補助する女官たちが袿袴道中着姿で奉仕しています。

目次

［凡例］

- 漢字は原則として常用漢字及び現行活字体を使用しました。
- 漢字の読みが複数ある場合、もっとも代表的なものを使用しました。
- 装束名・生地名・文様名は諸説ありますが、本書では髙田装束店の調進控の記載を基本とし、皇室令などに準拠したほか、一般的と思われる名称を用いました。

第一章　装束の調進

織部司と縫殿寮

平安《へいあん》時代中期まで、衣類となる生地の染織は、大蔵省に属する「織部司《おりべのつかさ》」と呼ばれる役所が行っていました。工人たちは大内裏の東、織部町に居住して織物生産に励みました。「禄《ろく》」（賞与）として与えられる衣類も多かったため、織部司の仕事は繁多で、織部町は他の諸司厨町《しょしくりやまち》よりも広大でした。

諸国からも布（麻布）や絁《あしぎぬ》（絹帛《けんぱく》）が貢納されましたが、浮文《うきもん》の綾《あや》（浮線綾《ふせんりょう》）や固《かた》文《もん》の綾、各種の錦《にしき》などは、織部司の高度な技術により生産されました。この時期には国風文化が隆盛して、文様はそれまでの唐風《からぶり》から「有職《ゆうそく》文様」と呼ばれる国風《くにぶり》が加味されたものに変化しました。

染色は裁縫を掌《つかさど》る、中務省《なかつかさ》の「縫殿寮《ぬいどののつかさ》」で行われました。朝廷運営の細則を定めた『延喜《えんぎ》式《しき》』の「縫殿式」には「雑染用度」の項があり、さまざまな色を染めるために必要な染料などの材料が記されています。こうして完成した生地をもとに、皇室の衣類は縫殿寮が縫製。貴族たちの衣類は自邸で女房たちが裁縫に励みました。その光景は『枕草子《まくらのそうし》』や『源氏物語《げんじものがたり》』にも描かれています。

延喜《えんぎ》式《しき》

朝廷運営の基本となる法律は、刑法である「律《りつ》」と行政法である「令《りょう》」でした。衣類に関する規則は「衣服令」に定められています。現存する律令は天平宝字《てんぴょうほうじ》元年（七五七）に施行された『養老律令《ようろうりつりょう》』ですが、その後改正されることはありませんでした。世情の推移に伴い、律令の解釈変更を定めたものが「格《きゃく》」で、それらをもとに具体的な施行細則を定めたものが「式《しき》」です。さまざまな式が定められましたが、康保《こうほう》四年（九六七）施行の『延喜式』は全文が現存し、平安中期の朝廷の実相がわかる、貴重な史料になっています。

延喜式（九条家本）28巻
紙本墨書《しほんぼくしょ》 平安時代・11世紀（東京国立博物館蔵）

内蔵寮での装束調進

中務省に属する「内蔵寮《くらづかさ》」は、その名称が示すように皇室の倉庫・財産管理、出納事務が主な職掌でしたが、倉庫に収める諸品の調達だけでなく、その生産も担当していました。『延喜式』（内蔵式）には織部司で製造された布《ふ》帛《はく》を縫殿寮に送るといった規定もありますが、内蔵寮「雑作手」三十三人の中に「夾纈《きょうけち》手」「繧繝《うんげん》手」そして「焼灰」「採黄《き》櫨《はじ》」「染手」などの染織工人が定められていますから、内蔵寮にも工房としての機能があったことがわかります。

承和《じょうわ》年間（八三四〜八四八）に天皇の秘書である令外官《りょうげのかん》・蔵人《くろうど》の権力が増大して、皇室の家政を担う内蔵寮官人を兼務するようになり、さらに十世紀前半には木《も》工寮《くりょう》・修理《しゅり》職《しき》・主殿寮《とのもりりょう》などの官人も兼ねるようになると、朝廷における物品生産に関する職掌の混雑が見られるようになります。『小右記《しょうゆうき》』（藤原実資《ふじわらのさねすけ》）の長和《ちょうわ》四年（一〇一五）に「納殿蔵人召御服所官人、仰可度御服於御匣殿別当所之由」という記載が見られ、平安時代中期には天皇御服の調進が縫殿寮ではなく、蔵人所配下の「御《ご》服所《ふくしょ》」で行われていたことがわかります。

『中右記《ちゆうゆうき》』（藤原宗忠《むねただ》）の承徳《じようとく》二年（一〇九八）八月の記述には、内蔵頭《くらのかみ》の藤原宗忠が「新御服所修造了後、依吉日渡御服裁縫女工等」とあり、さらに「内蔵頭は自邸内に別廊を建てて御服所とするのが前例である」との内容が記されています。こうして平安時代後期以降、装束調進は内蔵頭の邸内で行われるようになったようです。上皇の院庁や摂関家の政所《まんどころ》にも御服所が設置されるようになります。時代が下るに従って、染織に関する技術が広く普及して、官営工房だけでしか生産できないものではなくなっていたのです。

承久《じようきゆう》年間（一二一九〜一二二二）以降、文献に「織部司」の名称が見られなくなります。『民経記《みんけいき》』（広橋経光《ひろはしつねみつ》）には、寛喜《かんぎ》三年（一二三一）四月、皇子・秀仁《みつひと》親王（のちの四条《しじよう》天皇）の生誕五十日《いか》祝いに際し、後堀河《ごほりかわ》天皇の御服（御直衣・御張袴《はりばかま》）を調進するにあたって、蔵人頭《くろうどのとう》兼内蔵頭の平有親《たいらのありちか》が御服の色彩について建言し、関白の裁定で白御衣一領・生絹《すずし》の御単・袴は紅打《くれないうち》と定まり、御服所に調進を申し付けたとあります。このように鎌倉時代になると、装束に関することが完全に蔵人所・内蔵寮の管轄下になったようです。ただし実際の織物生産に際しては、織部司以来の伝統が受け継がれ、その工人たちが担いました。

大舎人綾

『夫木和歌抄《ふぼくわかしょう》』（藤原長清《ながきよ》）に、鎌倉時代中期の公家《くげ》・葉室光俊《はむろみつとし》の歌

百敷《ももしき》や　大内山のうしとらに
　織部の司《つかさ》　あやたてまつる

が載ります。しかしこれは、あくまでも懐古趣味的なイメージで詠まれた歌でしょう。役所としての織部司が有名無実化した鎌倉時代、織部司の工人たちは東隣町の大舎人《おおとねり》町（現在の京都市上京区猪熊《かみぎょうくいのくま》通下長者町あたり）に移住して、それまで禁じられていた私織を開始しました。生産される織物は基本的には前代の技法を継承したものでしたが、それまでも存在した「精好《せいごう》」とは逆に、経《たて》を生糸・緯《ぬき》を練糸で織った「練貫《ねりぬき》」という名称が見られるようになります。また練貫の平絹《へいけん》を蒸して縮ませた「しじら」が生産されるようになり、縮ませない「熨斗目《のしめ》」とは別の織物として好まれました。

南北朝時代の『庭訓往来《ていきんおうらい》』には、各地の名産品が列挙される中に「大舎人綾《あや》」という単語が登場します。これは大舎人町で生産された綾織物のことで、本来は染織とは無関係な「大舎人」の名称が高級織物を指す言葉になっていったのです。

衣紋道

『養老令』（衣服令）で定められた「朝服《ちょうふく》」を端緒とする男子の宮中勤務服「束帯《そくたい》」は、平安時代中期には過差《かさ》（贅沢《ぜいたく》）が進み、大型化して緩やかなフォルムのものになりました。これを「柔《なえ》装束」と呼びます。この時代の束帯は、自分で着ることができるほど着用が容易なものであったことは、『源氏物語』などさまざまな文学作品の描写から推測できます。

平安時代後期になると、譲位した元天皇である「上皇」や、出家した上皇「法皇」が政治の実権を握る「院政」が始まりました。延久《えんきゅう》元年（一〇六九）の「荘園整理令」で知られる後三条《ごさんじょう》天皇の子、白河《しらかわ》天皇は応徳《おうとく》三年（一〇八六）、わずか八歳の善仁《たるひと》皇子（堀河《ほりかわ》天皇）へ譲位して上皇となり、引き続き政務に当たりました。これが一般に院政の始まりとされています。堀河天皇が五歳の皇子（鳥羽《とば》天皇）を残して没すると、白河上皇は幼い鳥羽天皇の後見としてさらに院政を強化します。やがて鳥羽天皇も譲位後に院政を行います。

政治が上皇の御所で行われるようになると、天皇の住む内裏は儀式・神事を行うだけの場となります。上皇御所では衣冠《いかん》や直衣《のうし》、狩衣《かりぎぬ》といった、束帯よりも簡易な装束の着用が許されたため、束帯は内裏での儀式専用服として形式化が進みました。鳥羽上皇は装束にこだわりがあり、装束の生地を厚くし糊《のり》で固めた直線的な姿を好みました。さらに後三条天皇の孫・源《みなもとの》有仁《ありひと》は、『今鏡《いまかがみ》』に「ことのほかに衣紋をぞ好み給ひて」と記されるほどの人物で、この二人が考案した威儀正しい装束を「強《こわ》装束」と呼び、束帯はこれを用いました。

強装束はごわごわとして着にくいため、美しく威儀を整えた着付けをするための特別な着装技術が必要となり、この技術を「衣紋《えもん》」と呼びます。源有仁が「衣紋道《どう》の祖」と呼ばれるのはこのためです。

冷泉為恭《れいぜいためちか》模作
伝桜町成範《さくらまちしげのり》（藤原光能《みつよし》）像（模本）
江戸時代・19世紀（東京国立博物館蔵）

山科流と高倉流

源有仁創案の衣紋道は、その没後に藤原北家の大炊御門《おおいのみかど》経宗《つねむね》と徳大寺《とくだいじ》実能《さねよし》に伝えられました。平安時代末期頃、実能の子・公親《きみちか》の猶子に入った実教《さねのり》が継承して衣紋道に励みます。実教は後白河《ごしらかわ》法皇の寵妃《ちょうひ》である丹後局《たんごのつぼね》こと高階栄子《たかしなのえいし》の子・教成《のりしげ》を養子とし、建保《けんぽう》四年（一二一六）に丹後局が没すると、教成が母の遺領である山科《やましな》庄を相続したため、山科の家名が生まれました。大炊御門家では経宗の八世の孫・冬《ふゆ》信《のぶ》の跡を継承する者がなくなり、大炊御門家の伝授を受けた高倉永康《たかくらながやす》が文永《ぶんえい》十年（一二七三）に東宮読書始《とうしょはじめ》で衣紋を奉仕した頃から、高倉家が衣紋道を継承しました。『薩戒記《さつかいき》』（中山定親《なかやまさだちか》）正長《しょうちょう》二年（一四二九）正月の記事には「徳大寺・大炊御門の相伝は近代絶え、高倉だけが故実を守る」との内容があります。

こうして鎌倉・南北朝時代に、現代にも伝わる衣紋道の二流派「山科流」と「高倉流」が生まれました。山科家は内蔵頭として装束調進を、高倉家は衣紋奉仕を本務とする家でしたが、次第に相互に乗り入れます。調進については室町時代中期頃から山科家は宮中、高倉家は上皇御所や幕府を担当して武家の装束を差配する立場になりました。両流の差異は主に特に束帯の調進・衣紋に表れ、これは室町時代中期に生まれて江戸時代後期に確立され、現在に至ります。

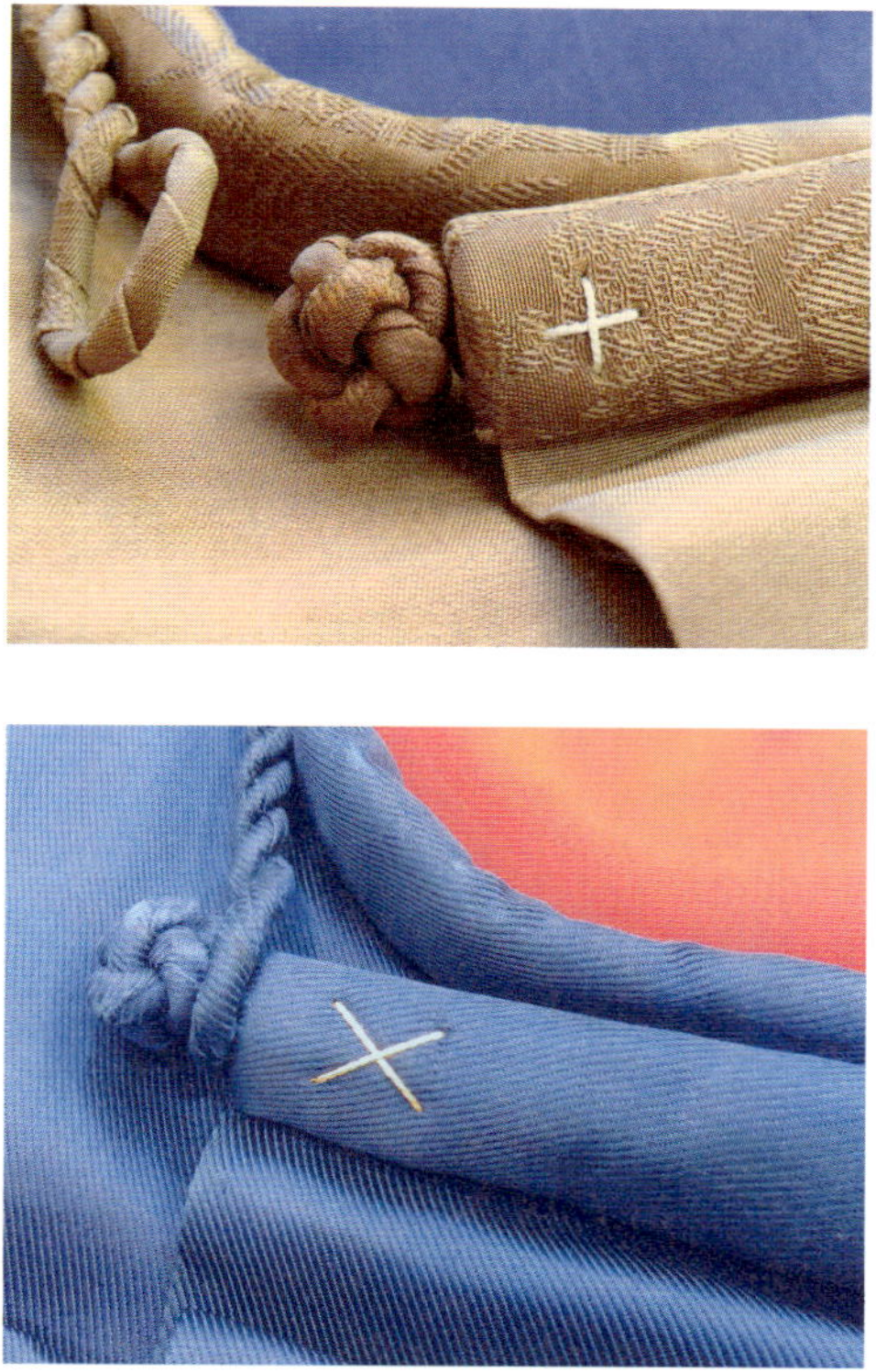

山科流の天皇御袍の首紙《くびかみ》（上）と高倉流の臣下の首紙（下）

山科内蔵頭

山科家は財政の才を持つ人物を輩出し、宮中の食糧調達をする御厨子所《みずしどころ》別当ともなって皇室の家政を取り仕切りました。また京の入り口、周辺各所には「内蔵寮 率分《りつぶんの》関《せき》」が設置されて内蔵頭の収入を確保し、そこから宮中の財政もまかないました。貞《じょう》和《わ》二年（一三四六）、内蔵頭に任ぜられた山科教言《のりとき》に御服調進の宣旨《せんじ》が下され、天皇・皇后から臣下に至るまでの装束が山科家の差配において調進されることとなりました。山科家には「御服所」が設置されて、朝廷からはそのための費用として「御服月宛」が現銭《げんせん》と割符《さいふ》で支給され、御服所はさまざまな装束を制作して宮中に納めました。『教言卿記《のりとききょうき》』（山科教言）によれば、たとえば応永《おうえい》十四年（一四〇七）には毎月三十貫文が支給され、それをもとに二月に袴、三月に御服二・袷《あわせ》御服一、四月に御小袖《こそで》御服各一など、毎月御服が納められています。また室町幕府からも各種の装束調進が山科家に依頼され、内蔵頭としての任務である宮中御用以外の装束調進も行うようになりました。山科家はこれらの御服の生地を定禅・妙禅・柿木尼等の織手に銭を渡して織らせていたことが、応永十四年（一四〇七）十一月の『教言卿記』に記されています。

応仁の乱

室町幕府管領《かんれい》家の家督争い、そして将軍家後継者問題も絡み、応仁《おうにん》元年（一四六七）、細川勝元《ほそかわかつもと》（東軍）と山名《やまな》宗全《そうぜん》（西軍）との間に勃発した応仁の乱は十年あまりも続き、京の町は焼け野原となりました。堀川をはさんで東西に分かれた両軍は激しく戦い、大舎人町も兵火にかかり、工人たちは堺《さかい》や奈良《なら》などに逃れました。また内蔵頭・山科家では山科東庄の所領以外の荘園が、守護・国人らによって奪い取られてしまいます。京の機《はた》業システムは根底から覆されたと言って過言ではないでしょう。

この時期には宮中の諸儀式、四《し》方拝《ほうはい》や白馬節会《あおうまのせちえ》、そして新嘗祭《にいなめさい》などは挙行困難となり、国衙《こくが》領や貴族の荘園は守護たちによって横領され、皇室・貴族は経済的基盤を失いました。新しく装束を作る需要も減り経済的な困難もあり、装束の世界は冬の時代となります。『山科家礼記《けらいき》』文明《ぶんめい》十三年（一四八一）三月の記事には、天皇の御服も新調できず「潤色《じゅんしょく》」（洗張《あらいはり》・仕立直）をせざるを得ないとあります。失われた技術の影響は大きく、『実隆公記《さねたかこうき》』（三条西《さんじょうにし》実隆）の明応《めいおう》六年（一四九七）十二月の記事には「冠師近来不織得羅」とあって、文羅《もんら》の製法が途絶えてしまったことがわかります。

西陣

応仁の乱の終息後、工人たちは京に戻り織物工房を徐々に復活させ始めます。まず東軍の本陣跡である白雲《しらくも》村（現在の京都市上京区新町《しんまち》今出川《いまでがわ》あたり）に移った工人たちが清白の「練貫」の生産を開始して「練貫方」を形成しました。また別の工人たちは西軍の本陣跡の大宮《おおみや》あたりで綾を織る「大舎人座《おおとねりざ》」を形成しました。両者の間には対立関係が生じましたが、永正《えいしょう》十一年（一五一四）に綾織物は西陣《にしじん》の大舎人座の専売とするという幕府のお墨付きを得、天文《てんぶん》十七年（一五四八）六月には大舎人座の主要職人が室町将軍の被官人となり、京における機業の特権と保護を得ることになったのです。

西陣の碑

（京都市上京区今出川通大宮東入）

安土桃山時代の山科家

皇室の経済を統括する内蔵頭の山科言継《ときつぐ》は、衰微する一方の皇室財政を安定させるために織田《おだ》家や今川《いまがわ》家から献金を得るべく奔走。安土桃山時代の山科家当主は言継の子・言経《ときつね》でした。天文二十二年（一五五三）に内蔵頭に任ぜられた後、天正《てんしょう》十三年（一五八五）、理由は不明ですが正親町《おおぎまち》天皇の勅勘を蒙《こうむ》り、官職と所領（山科東庄）を没収されてしまいました。この窮状を救ったのが当時大納言であった徳川家康《とくがわいえやす》です。家康の斡旋《あっせん》により慶長《けいちょう》三年（一五九八）に言経は赦免され、朝廷に復帰しました。

翌年に言経の子・言緒《ときお》が内蔵頭を継ぎ、『言緒卿記』の慶長六年正月の記事には、勅勘の期間に高倉永孝に無理矢理借り出された板引《いたびき》板を「とり返申候」とあります。その後、高倉家との利害衝突が相次ぎます。『言緒卿記』を見ますと、慶長十七年（一六一二）に高倉永慶《ながよし》が天皇の冠の調進を受命すると言緒が異議を唱え、同十九年には上皇の烏帽子《えぼし》の形式について再び永慶と論争し「山科家装束之事ハ萬《よろ》ツ可為根本」と宣言しています。そして翌慶長二十年五月、家康から「萬衣服之法度可仕之由」が言緒に命ぜられ、公家の服制を委任されて山科家の立場が幕府公認となりました。

御寮織物司

32ページで見たように内蔵頭・山科家に「御服所」が置かれ、そこで調進された衣類は「御寮織物御衣《ごりょうおりものおんぞ》」と呼ばれました。この「御寮」とは内蔵寮のことです。大舎人座が内蔵頭・山科言国《ときくに》を通じて装束を皇室に納めていたことが西陣『六人衆履歴書』に記されています。元亀《げんき》二年（一五七一）、大舎人座三十一家のうち六家（井関《いぜき》・和久田・小島・中西・階取・久松）が宮廷装束生地を製織する「御寮織物司《つかさ》」に任じられ、宮中・院中・将軍家の装束生地を織りました。

六家のひとつ井関政因の著した『西陣天狗《てんぐ》筆記《ひっき》』（一八四四）によれば、井関家は寛永《かんえい》十二年（一六三五）に相模守《さがみのかみ》に、元禄《げんろく》十四年（一七〇一）には和久田家が石見《いわみの》守《かみ》に、久松家が長門守《ながとのかみ》に任官しています。こうした商工業者が国司（受領《ずりょう》）に任ぜられる例は、さまざまな禁裏《きんり》御《ご》用達《ようたし》商人に多く見られ、貢献度と献金額等により諸国の受領に任ぜられています。これによって朝廷の直臣《じきしん》となり、幕府権力が及ばない特権が得られました。御寮織物司の各当主は山科家と高倉家には年始詣でを欠かさず、代替わりに際しては両家の認証を受けるなど、御寮織物司としての立場は江戸時代を

通じて守られました。内蔵頭である山科家当主は、

内蔵寮下　吉勝男
宜補
御寮織手
元和二年正月五日　内蔵頭藤原（花押）

というような下文《くだしぶみ》（認可状）を各家に発行していました。

『言緒卿記』によれば江戸時代初期、山科家は元和《げんな》元年（一六一五）七月「大御所（家康）様ヨリ冬御装束代銀子三百二十六匁請取了」など将軍家や御三家の仕事も受けていました。幕府や大名など武家の装束は高倉家が取り仕切り、生地を発注しましたが、御寮織物司の人々は宮中への調進は「ご奉仕」と割り切り、その他の大名などからの注文には高額の代価を請求したということです。江戸時代の大名にとって装束を着る機会はわずかでしたが、彼らは一貫して京、公家への憧《あこが》れが強く、御寮織物司で織られた生地の装束には、お金には替えられない権威と価値を感じていたのでしょう。

幕府衣紋方高倉家

江戸時代も山科・高倉両家は、衣紋に関しては助け合って担当しましたが、調進に関しては山科家は宮中の装束を、高倉家は上皇、将軍家や諸大名の装束を分担し、それぞれが西陣の御寮織物司に命じて生地を織らせていました。井関家の調進控には山科家を通じた禁裏御用品の他に、「高倉様御用」と記された江戸の将軍家御用品の裂《きれ》地《じ》も見られます。

幕府武家方の装束を高倉家が取り仕切るようになったのは、元和九年（一六二三）、高倉永慶が徳川家光《いえみつ》の将軍宣下《せんげ》の衣紋奉仕をして以来のこと。永慶は明暦《めいれき》年間（一六五五～一六五八）には幕府衣紋方として江戸に邸《やしき》が与えられ、廩米《りんまい》二百俵を給されます。高倉家当主はたびたび下向し、多くの門人たちに衣紋の知識と技を伝授しました。門人には有職故実《ゆうそくこじつ》研究で著名な松岡辰方《まつおかときかた》もいます。江戸には高倉流衣紋の勉強会が、辰方が創った桜田組など七つもあって、それぞれ礼服・闕腋《けってき》・続平緒《つづきひらお》などの衣紋の研鑽《けんさん》をしました。大名が束帯を着るのはごく限られた機会でしたが、各藩は高倉流の衣紋術を身につけた「衣紋方」を抱えることに熱心だったのです。

江戸時代の公家

調進された装束を着用する主体は皇室・皇族、そして公家たちです。五摂家では、近衛《このえ》家は裕福でしたが、九条《くじょう》家は家伝の什器《じゅうき》を質入れするほど貧窮し、閑院宮《かんいんのみや》家は「きはめてまづしくいはしけり」と『閑窓自語《かんそうじご》』（柳原紀光《やなぎわらもとみつ》）に記されるほどでした。山科・高倉両家における衣紋道のように「家職」を持つ公家は、門人からの許状収入等があり比較的余裕があったと思われますが、その他の公家は経済的に非常に脆弱《ぜいじゃく》な存在でした。幕府から二条城《にじょうじょう》の御倉米を三十石支給されるだけの御家人的な公家も多く、これは武家の経済力と比較して極めて低いと言わざるを得ません。明治の元勲・岩倉具視《いわくらともみ》も維新前は一日・十五日・二十八日だけ祝儀として鰊《にしん》と切昆布を煮た物を食べたと『幕末の宮廷』（下橋敬長《しもはしゆきおさ》）にあります。

そのため装束を新調できる公家は限られていました。『幕末の宮廷』によれば二条家や鷹司《たかつかさ》家などは家臣に着せる装束を持っていませんでした。京には若狭屋喜左衛門と鍵屋新助という二軒の貸物屋があって、ここから四位の黒袍、五位の赤袍、六七位の緑袍などを借りたのです。代金は赤袍が二百匹、黒袍と緑袍は百匹でした。

髙田出雲掾

二百六十年にも及ぶ江戸時代の中で、装束調進の世界にもさまざまな変化がありました。『言緒卿記』には元和元年（一六一五）九月の「禁裏伶人《れいじん》衣装調進」に際して、十七日に「代価として銀十五貫六十目を板倉《いたくら》伊賀守《いがのかみ》（京都所司代）から受領」、二十八日に「織手衆に銀三貫五百目を渡す」とあり、差額の山科家取分が大きかったことがわかります。同記に「織手衆に織置有之」とも記されるように織手には織物のストックがあり、時代が下がると織元がこれを有効活用する動きが見られます。そうした流れの中で商社的に動き、仕立てもする新興の装束司が生まれました。

文化《ぶんか》十四年（一八一七）九月に仁孝《にんこう》天皇即位礼が行われましたが、当時は「公事御再興」の気運が高まっていた時期であり、多くの品々の新調がなされました。またこの頃、内蔵寮の地下《じげ》官人は蔵人方《くろうどかた》（平田《ひらた》家）と外記方《げきかた》（徳岡家）の二系統に分かれ、職掌も分担するなど、以前とは異なる様相を呈していました。甘露寺《かんろじ》国長《くになが》による記録によれば、内蔵大允《くらのだいじょう》・徳岡守敏は天皇の礼服調進に際して「御即位に付、内蔵寮調進之御品も古例御座候間（中略）近例他家より調進之儀に御座候得者、於寮職掌甚以歎舗奉存候」と主張します。「近例他家より調進で歎《なげ》かわしき」、つまり江戸時代後期になると、装束調進は内蔵寮の独占ではなくなっていたのです。

　江戸時代初期、寛永《かんえい》年間（一六二四〜一六四四）創業の装束司・髙田《たかた》家は元禄十四年（一七〇一）、御寮織物司が受領に任官するのと同時に「出雲掾《いずものじょう》」に任ぜられ、「髙田出雲掾」の商号での大名への調進記録が散見されます。また『言成《ときなり》卿記』天保《てんぽう》十四年（一八四三）十月の記事に「髙田〈装束師〉手代来、采女衣縫了」とあり、山科家の御服所において宮中装束の縫製仕事を務めていたことがわかります。

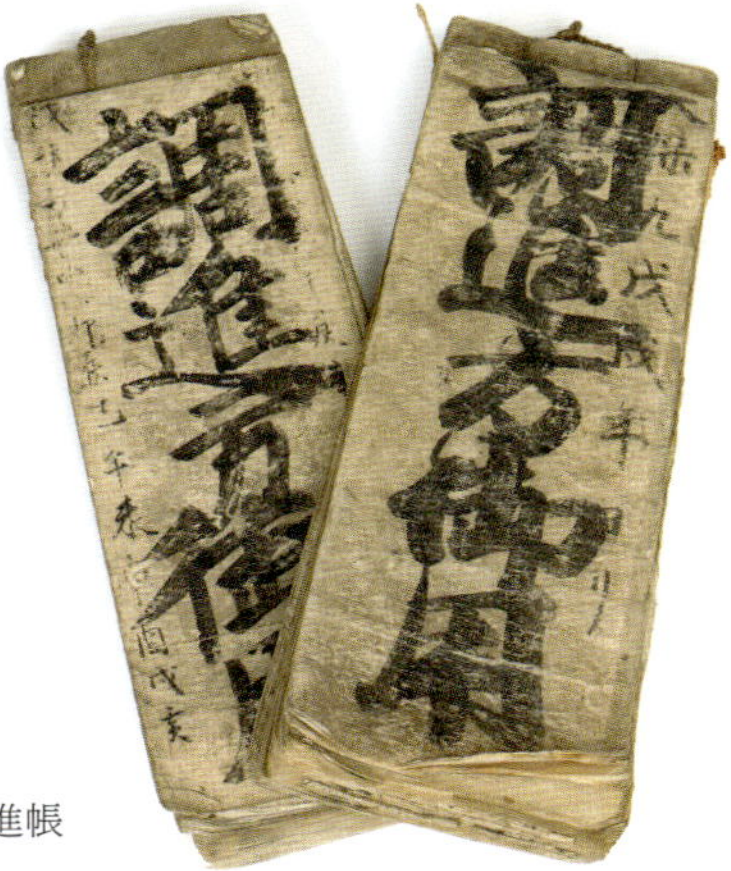

髙田出雲掾
天保年間の調進帳

近代の装束調進

明治元年（一八六八）早々から「朝政御《ご》一新《いっしん》」に際して、服制を抜本的に改革する協議がなされました。当面は従来の服制を踏襲するとなったものの、翌二年七月に新政府は旧来の内蔵寮など「百官受領」を廃止して公家全員が失職します。さらに旧公家の影響力を排すため、十一月には宮内省に「御衣類従前山科家高倉家調進の処被止、以来於其省取扱被仰付候事」が達せられ、山科・高倉両家にもその旨が伝達されました。両家による調進がここに廃止され、

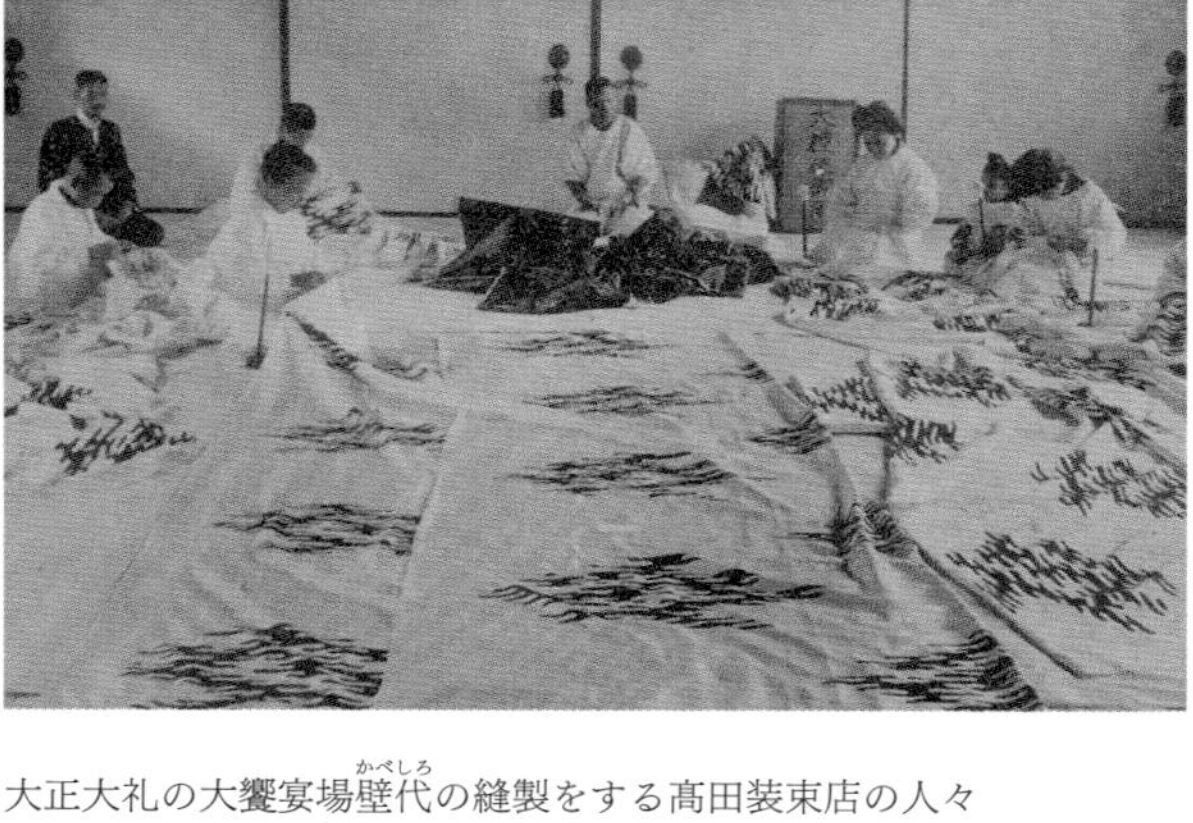

大正大礼の大饗宴場壁代《かべしろ》の縫製をする髙田装束店の人々

宮内省用度局が独自に調達することになったのです。また御寮織物司の制度もなくなり、多くが廃業。有職織物製作は存亡の危機に陥りました。こうした新しい時代とともにあったのが、髙田出雲掾改め髙田茂などの装束司でした。

装束司は織られた生地を装束に仕立てるのみならず、冠や沓《くつ》、さまざまな調度品など、有職故実にかかわるあらゆる物品調達に関する総合プロデューサーとしての役割を果たしました。いわば新しい内蔵寮です。明治天皇東遷とともに京から東京に移った髙田茂（髙田装束店）は明治二十年（一八八七）、東京に織物工場を設けて有職生地を製織、宮内省と内務省の御用達となって、明治時代以降さまざまな品々を調進します。その中でも神宮式年遷宮や大正・昭和の即位礼にかかわる物品の調進は、代表的な仕事でした。

現在の宮内庁の調達は原則として一般・指名競争入札、美術品など特殊な物品は随意契約となり、その結果はすべて公告されています。

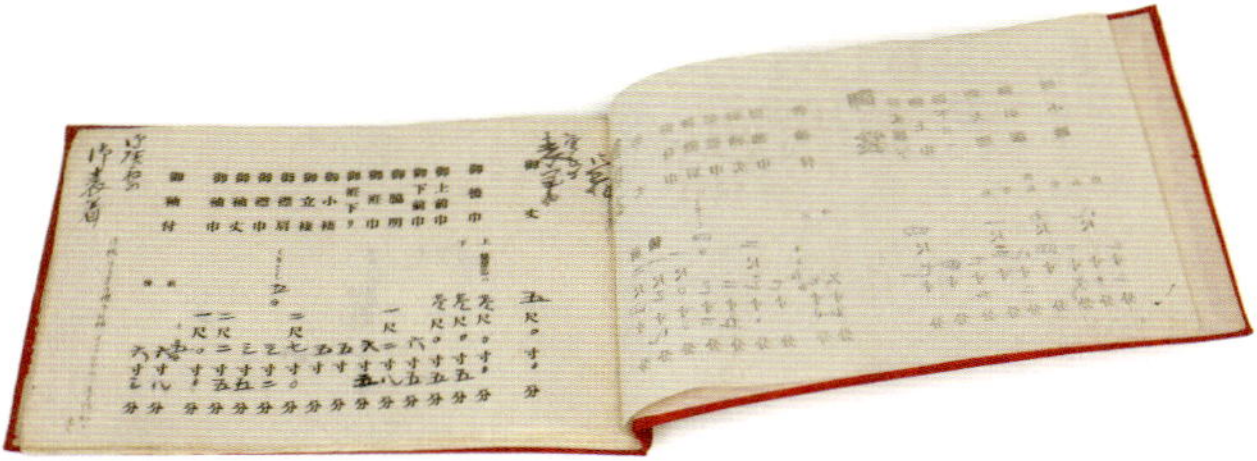

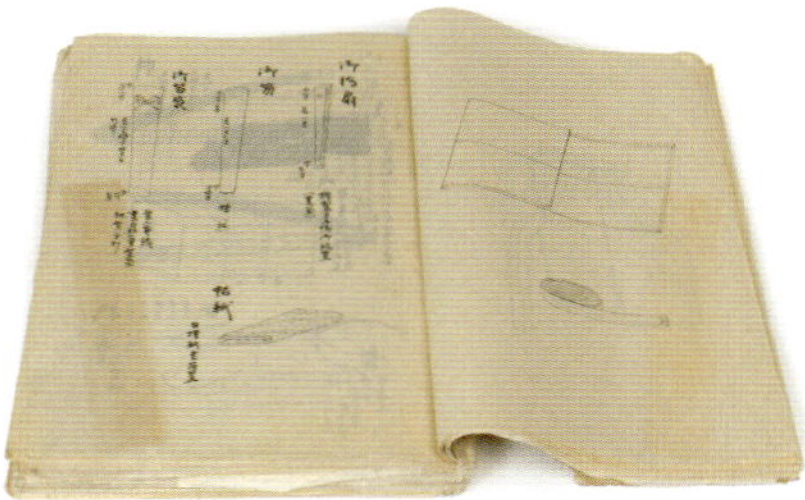

調進控とは

調進に際しては山科・高倉両家、織元や装束店は必ず控えを取ります。寸法や図はもちろん、装束は生地裂《きじぎれ》見本を残します。これは次回に同じ品の用命があった際に即応でき、また前例が参考に供されるためです。御懐妊のため実際には使用されなかった貞明《ていめい》皇后の大正即位礼装束と同様の品が、昭和の香淳《こうじゅん》皇后のために調進できたのは、調進控をもとにしたからなのです。

さまざまな品々

大正天皇の石帯《せきたい》とモックアップ

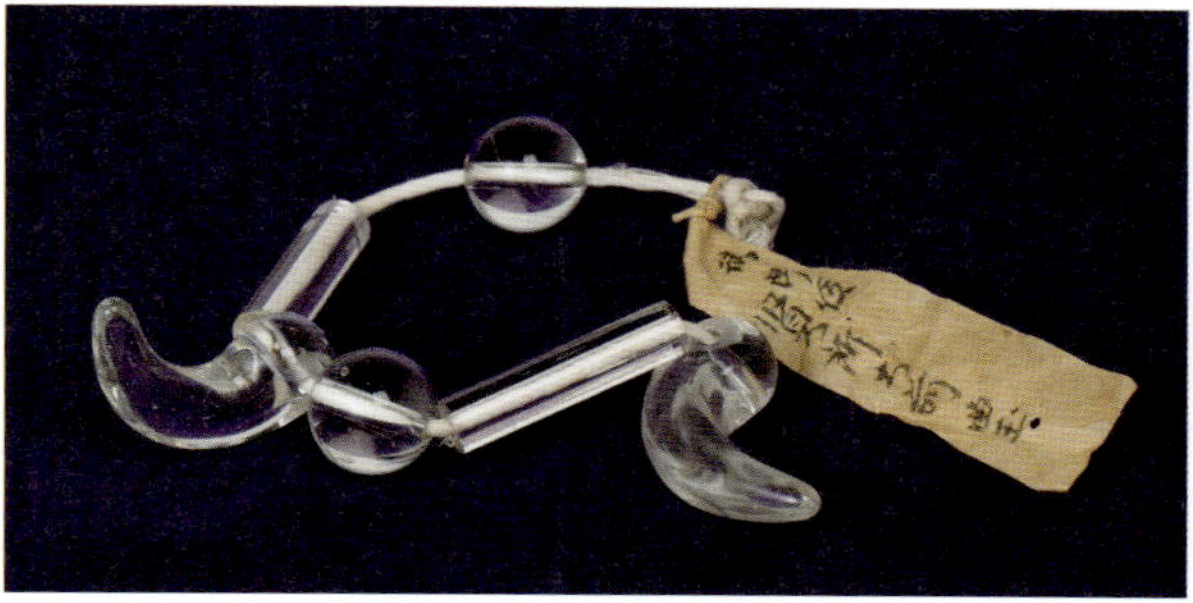

即位礼・賢所大前の儀で用いられた勾玉《まがたま》

生《き》糸《いと》と練《ねり》糸《いと》

繭から紡いだばかりの「生《き》糸《いと》」（奥）は、表面にセリシンというタンパク質があってさらさらとして艶《つや》がありませんが、アルカリ処理してセリシンを除去した「練糸《ねりいと》」（手前）はねっとりとして光沢があります

後染《あとぞめ》（染物）

袍など、糸の段階で色を染めずに白いまま織り、後から全体を染色する生地を後染（染物）、先に糸を染めて経緯の色を変えて織った生地を先染（織物）と呼びます。天皇の黄櫨染御袍《こうろぜんごほう》や皇太子の黄丹《おうに》袍（写真）も染物です

文《もん》羅《ら》

織物というよりも編物で、三本以上の経糸《たていと》が網目を作って絡んだ組織です。古代から伝わる織物で、五位以上の冠は文のある羅を用いました。応仁の乱で製法が途絶えたものを大正十五年（一九二六）、髙田装束店が復活させました

唐組《からくみ》

組紐《くみひも》の製法で編んだもので、束帯で太刀を吊《つ》る「平緒」に用いられました。非常に手数の掛かる高価な品で、江戸時代の公家は新調することができず、伝来の品以外は博多帯《はかたおび》を用いました

どし織

唐組がきわめて高価なため、簡易な平緒に用いられた織物です。地に細かい四角文様ができるので、唐組に似た雰囲気になります。近代の即位礼で参列者が着用する束帯の平緒に用いられています

綾《あや》

斜めに組織して文様を織りだした生地。地を三枚綾、文様部分を六枚綾で作る腰の強い地質の織物です。通常は経緯ともに生糸で織り、その後で精錬・染織を行います。多くの装束で用いられます

浮《うき》織《おり》

文様を出すときに緯糸を経糸にからませずに浮かせて織った織物です。文様が刺《し》繍《しゅう》のように立体感豊かですが、ほつれ易い難点もあります。表《うえの》袴《はかま》、子供・若年者の装束、特に指貫《さしぬき》などに用いられます。画像は江戸時代の女御の小《こ》袿《うちぎ》

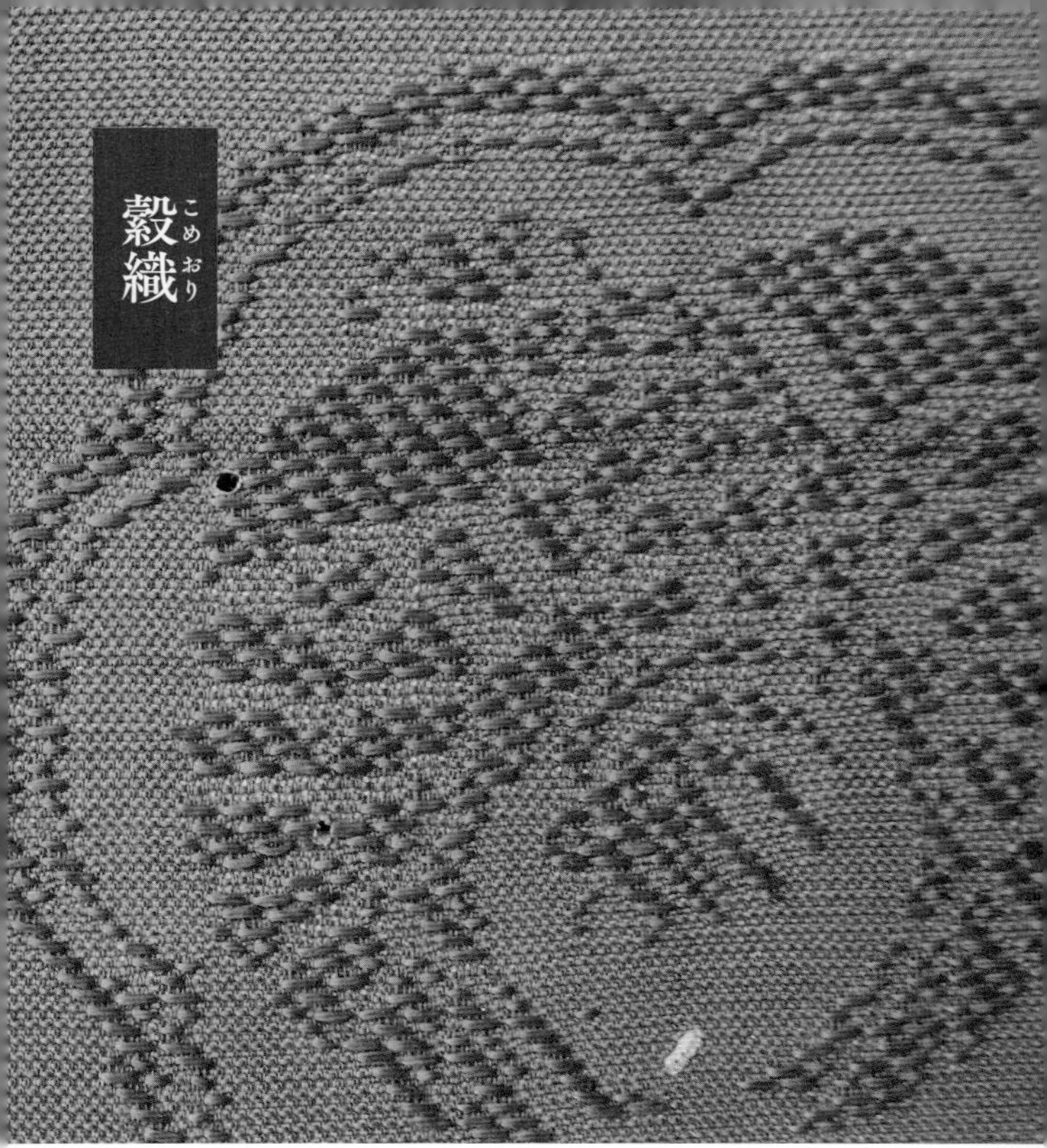

縠織《こめおり》

経糸を二本一組とし、もう一組と対になって、その間隔に粗密を生じながら織った織物で、文様が米粒を並べたように見えることから命名されました。夏物に多用され、夏の袍は縠織で仕立てられます。画像は江戸時代の皇太子の夏袍

板引《いたびき》

鎌倉時代頃から、生地に糊を強く引き乾性油である胡桃《くるみ》油との相乗効果で、生地を固くし光沢を持たせる加工をしました。これを板引と呼び、さまざまな裏地に用いましたが、昭和の即位礼から廃止されました。画像は大正天皇の御下襲《したがさね》の裏地

第二章　大正の御大礼

近代の盛儀

皇嗣が先帝を継いで天皇となるのが「践祚《せんそ》の儀」で、この事実を内外に宣明するのが「即位の礼」。天皇の一世一代の儀式ですから当然ながら重要な儀式です。承久《じょうきゅう》の変（一二二一）にからむ仲恭《ちゅうきょう》天皇を除いて、奈良時代から一代も欠くことなく行われました。その即位の礼は、江戸時代最後の孝明《こうめい》天皇にいたるまで、奈良時代から一貫して中国風の独特なものでした。

明治《めいじ》天皇の即位の礼は慶応《けいおう》四年（一八六八）八月に京都御所・紫宸殿《ししんでん》で行われました。その内容は岩倉具視《いわくらともみ》の考えにより新時代を象徴すべく、天皇は中国風の「礼服《らいふく》」ではなく「束帯《そくたい》」で儀式に臨み、庭上に立てる中国風幡旗《ばんき》の類《たぐい》を「幣旗《へいき》」と呼ぶ榊樹《さかきぎ》に換え、大地球儀を飾るという特異な儀式となりました。

明治四十二年（一九〇九）、江戸時代までの様式を再現しつつ、神道・日本風を取り入れた近代的な即位礼を規定した『登極令《とうきょくれい》』が制定され、大正四年（一九一五）十一月の大正天皇即位の礼は、これに則《のっと》り行われました。明治以前と異なり欧米に倣って皇后が前面に出ることになり、天皇の御座「高御座《たかみくら》」の横に皇后の御座「御《み》帳台《ちょうだい》」が新設され、居並ぶ女子皇族や女官たちの裳《も》唐衣《からぎぬ》装束（十二単《じゅうにひとえ》）の様式や着法が公式に規定されたのもこのときが初めてです。

日清《にっしん》・日露《にちろ》の戦役に勝利し「一等国」を目指して旭日《きょくじつ》の勢いの日本。国を挙げての近代一の盛儀。各界の超一流の職方たちが心を込めて準備をしました。総理大臣・大隈重信《おおくましげのぶ》のもと臨時官制「大礼使《たいれいし》」が設置され、総予算は八五〇万円超（現在の価値で約一二〇億円）。皇族・国会議員など国内の代表に加えて、大使・公使ら外国代表など総計二千人余が参列しました。当然ながら装束や調度も当時最高の技巧が凝らされています。このときに大礼使の指揮下、高御座や天皇・皇后の御装束はじめ諸品の調進を行ったのが髙田装束店でした。

京都御所で行われた大正の即位礼

御《おん》束《そく》帯《たい》黄《こう》櫨《ろ》染《ぜん》御《ご》袍《ほう》

画像：井筒グループ

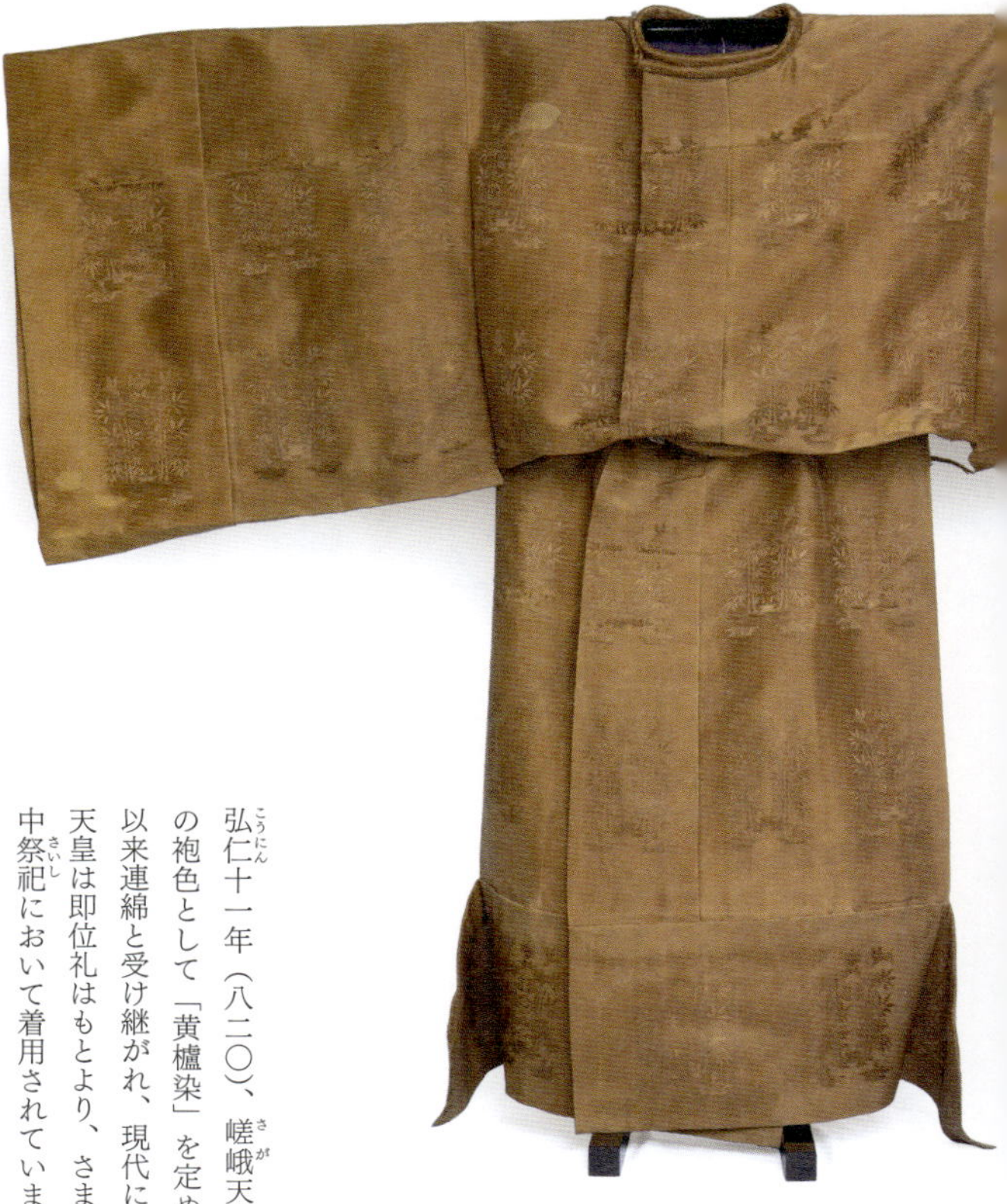

弘仁《こうにん》十一年（八二〇）、嵯峨《さが》天皇が天皇の袍色として「黄櫨染」を定めました。以来連綿と受け継がれ、現代においても天皇は即位礼はもとより、さまざまな宮中祭祀《さいし》において着用されています

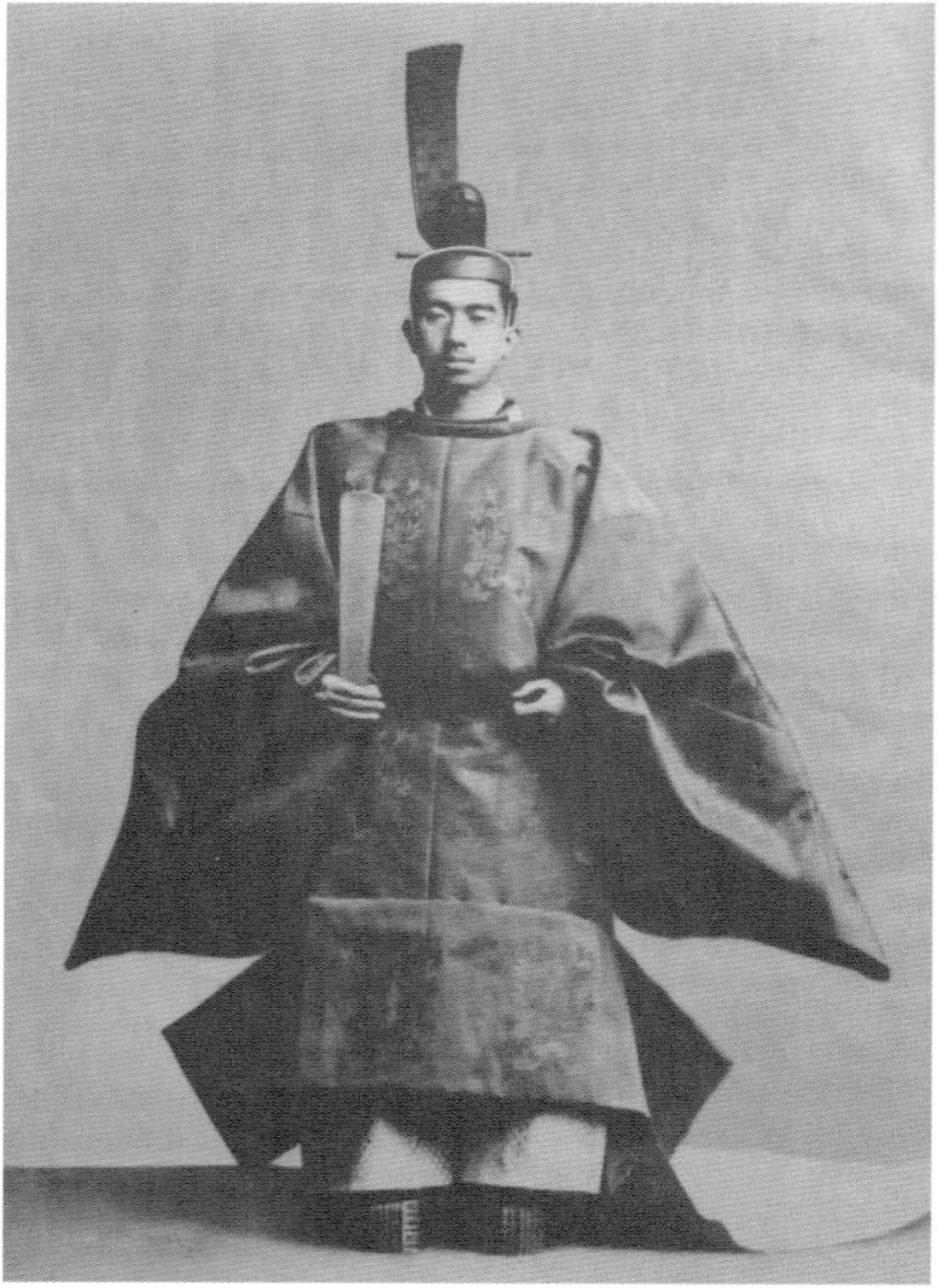

昭和三年（一九二八）十一月十日、即位礼を迎えた昭和天皇

黄櫨染固地《かたじ》綾《あや》桐《きり》竹《たけ》鳳凰《ほうおう》麒麟《きりん》文

天皇の袍文は長保《ちょうほう》二年（一〇〇〇）に「五霊鳳桐」が織り出された記録があり、鎌倉時代頃から現代に受け継がれる「桐竹鳳凰麒麟」となりました。天皇専用の文様です

御下襲《おんしたがさね》

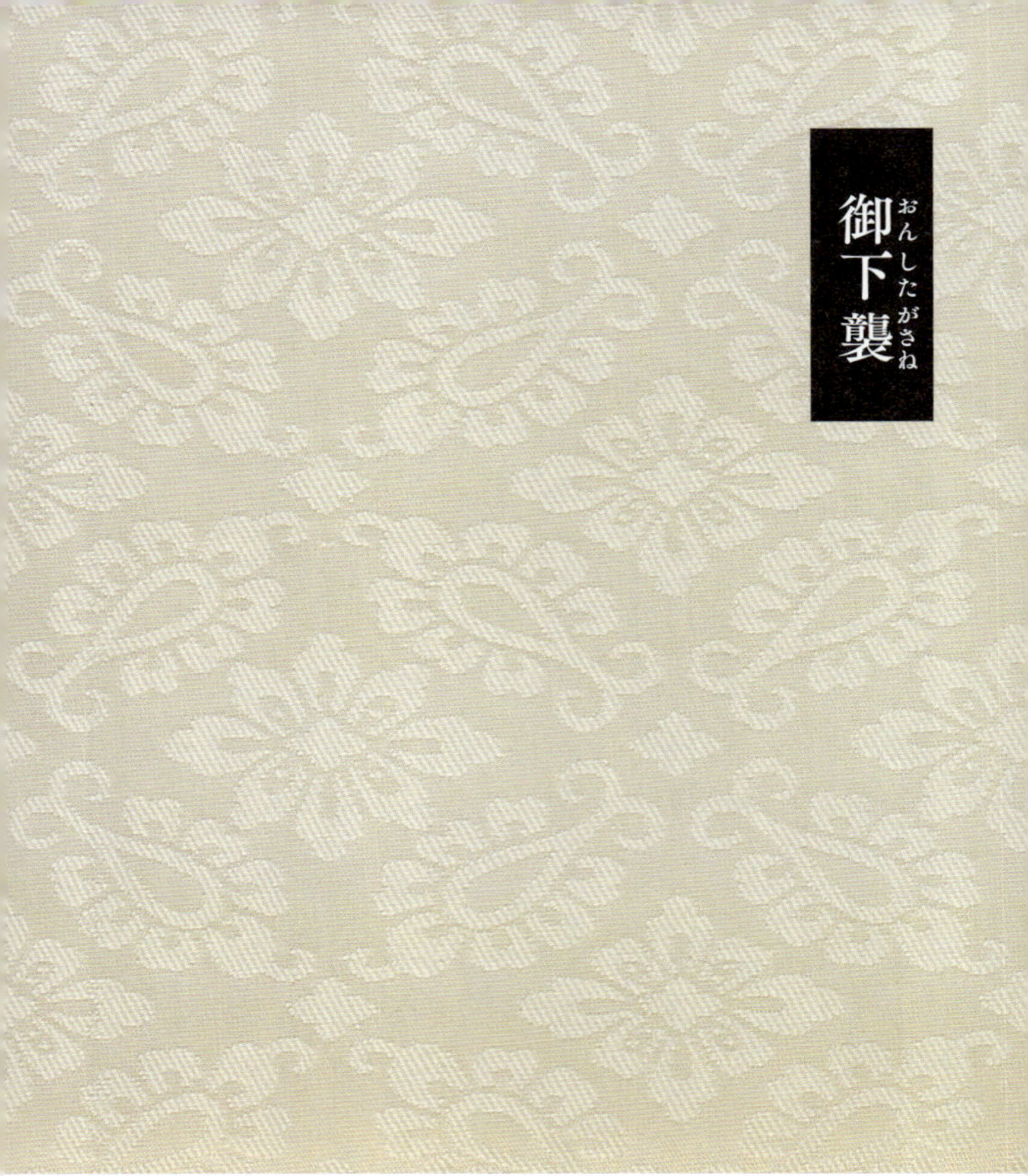

袍の下に着るもので、天皇の御下襲は衣部分の後ろ裾《きょ》が非常に長い作りになっています。白固地綾で御文は小葵《こあおい》です

御下襲の裏地

深《こき》蘇芳《すおう》固地綾竪《たて》遠菱《とおびし》文
裏は板引《いたびき》加工。板引は昭和の即位礼以降は廃止されました

御衵《おんあこめ》

紅固地綾小葵文
裏地は紅《べに》平《ひら》絹《ぎぬ》で板引です
下襲の下に着るのが衵で、「間い込め」が語源といわれます

御単《おんひとえ》

紅固地綾竪繁菱《しげびし》文
袙の下に着るもので、臣下が横方向の菱であるのに対して天皇や皇族は竪菱《たてびし》を用います

御表袴《おんうえのはかま》

白浮織窠《か》に霰《あられ》文

裏地は紅平絹で板引です

御《お》引《ひき》直衣《のうし》

現代では即位礼の諸儀式の中で、「神宮」（伊勢神宮）「神武《じんむ》天皇山陵」「前帝四代の山陵」に対する「勅使発遣の儀」でのみ着用されます。御冠は立纓《りゅうえい》で御笏《おんしゃく》を持たれます

画像：井筒グループ

御《ご》袍《ほう》御《お》引《ひき》直衣《のうし》

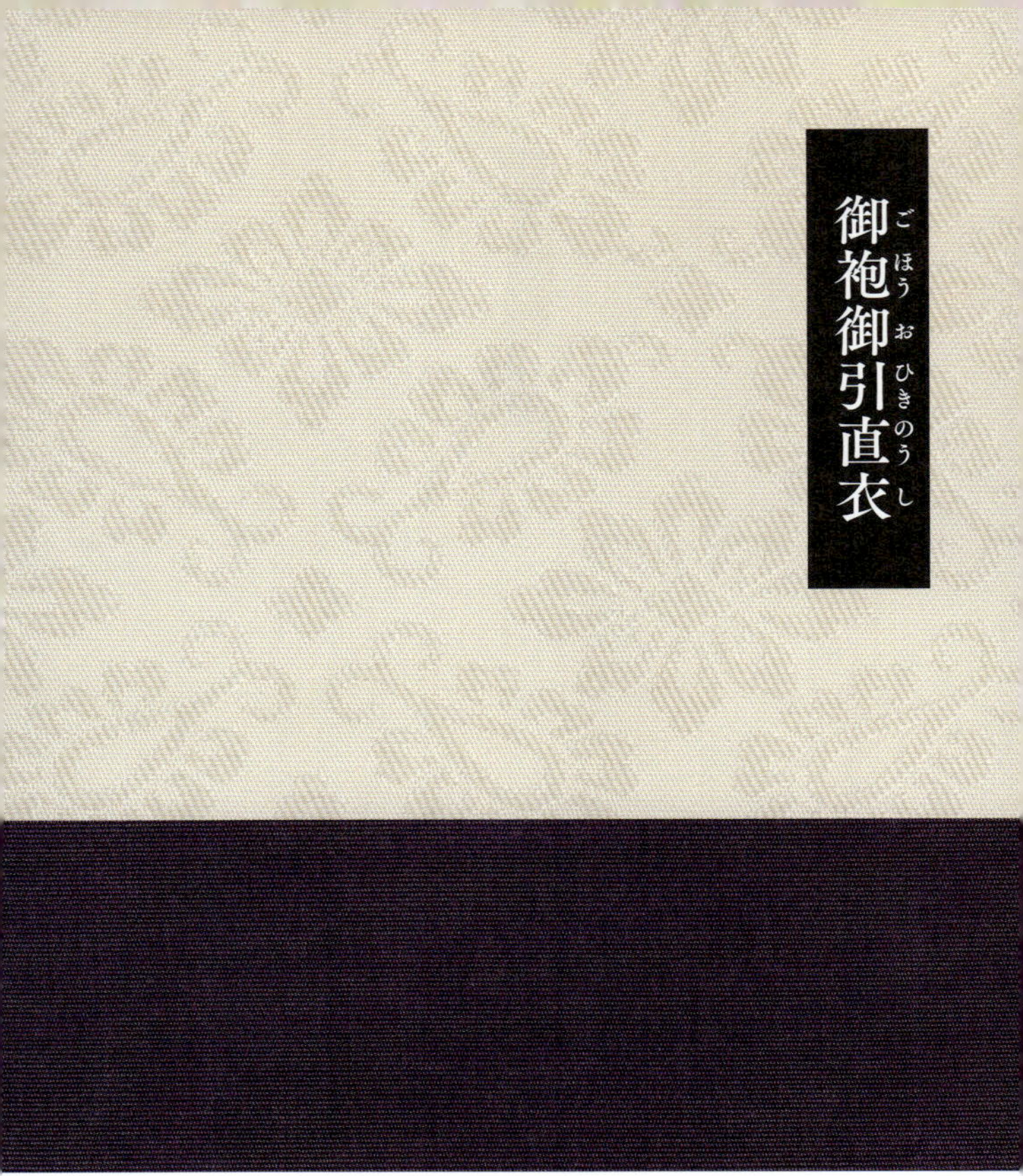

白固地綾小葵文
裏地は二藍《ふたあい》平絹です

長《なが》御《おん》衣《ぞ》

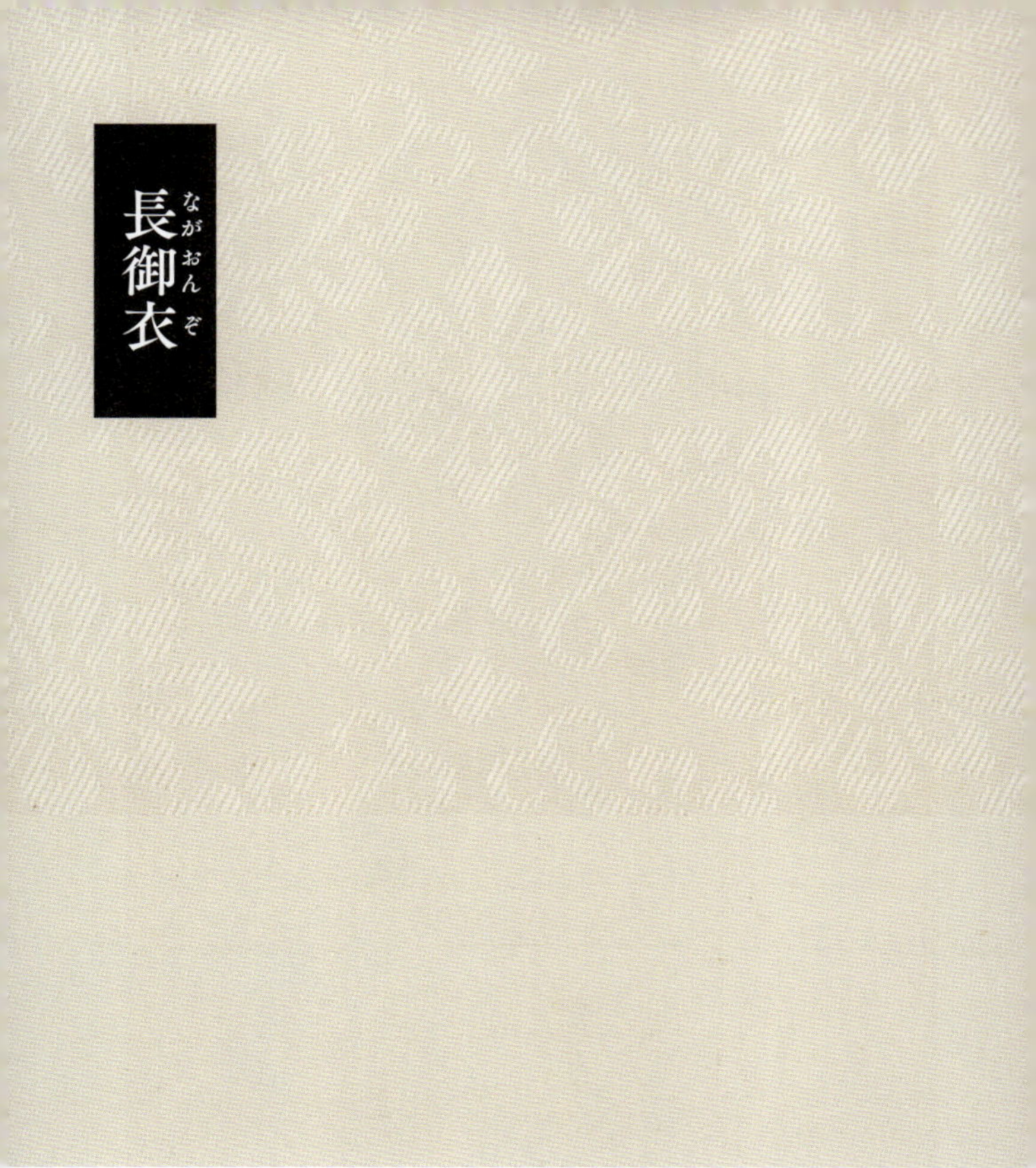

白固地綾小葵文

裏地は白平絹

袍の下に着る御衣です

長《なが》御《おん》単《ひとえ》

紅固地綾竪繁菱文

長《なが》御《おん》袴《はかま》

紅固地綾小葵文

裏地は同じ生地で板引です

御祭服《おんさいふく》

大嘗祭《だいじょうさい》および新嘗祭《しんじょうさい》で天皇が着用される最高の神事服です。白生《しろき》（白の生絹）の平絹、形状は通常の袍とは異なり襴《らん》の腋《わき》が入襴《にゅうらん》形式で、しかも左右の脇だけでなく背部中央の襴にもひだがあります

画像：井筒グループ

表は白平絹、裏地は薄紅平絹です

五衣《いつつぎぬ》唐衣《からぎぬ》裳《も》

昭和三年（一九二八）十一月十日、即位礼での香淳《こうじゅん》皇后。装束の形式や意匠は貞明《ていめい》皇后のものに準じています。大正の即位礼にあたっては貞明皇后は妊娠中であったため、京都での即位礼に出席できませんでした

御唐衣《おんからぎぬ》

白浮織小葵地 向《むかい》 鳳凰《ほうおう》赤萌黄《もえぎ》二色文二重織

御唐衣の裏地

蘇芳小菱板引

御表着《おんうわぎ》

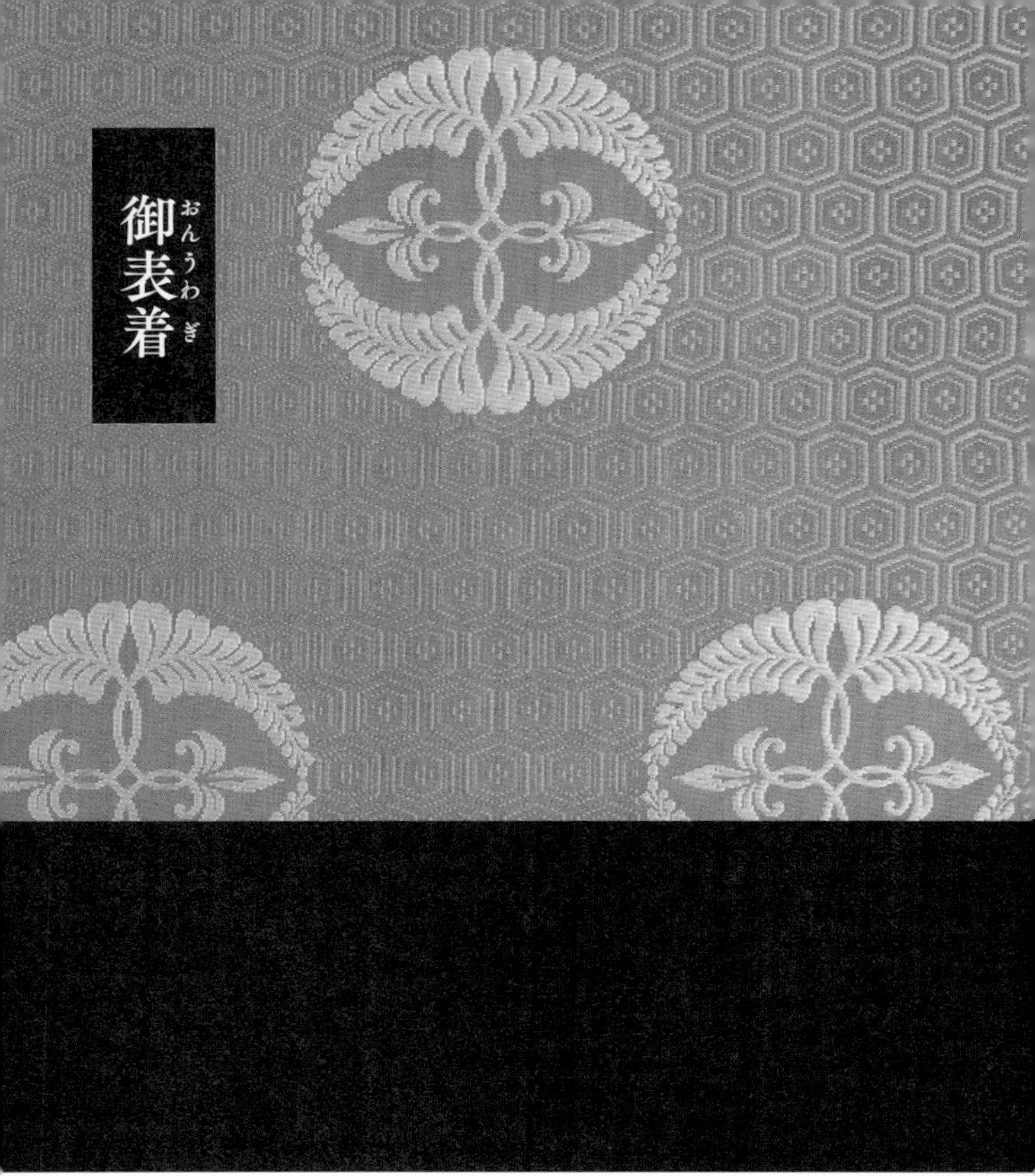

萌黄浮織物亀甲《きっこう》地白藤丸文二重織
裏地は紫平絹

御打衣《おんうちぎぬ》

深紫綾竪繁菱張
裏地は深紫平絹

御《おん》五衣《いつつぎぬ》

（五領とも同じ）
紅固地綾雲立涌《くもたてわく》文
裏地は二藍平絹

御単・御長袴

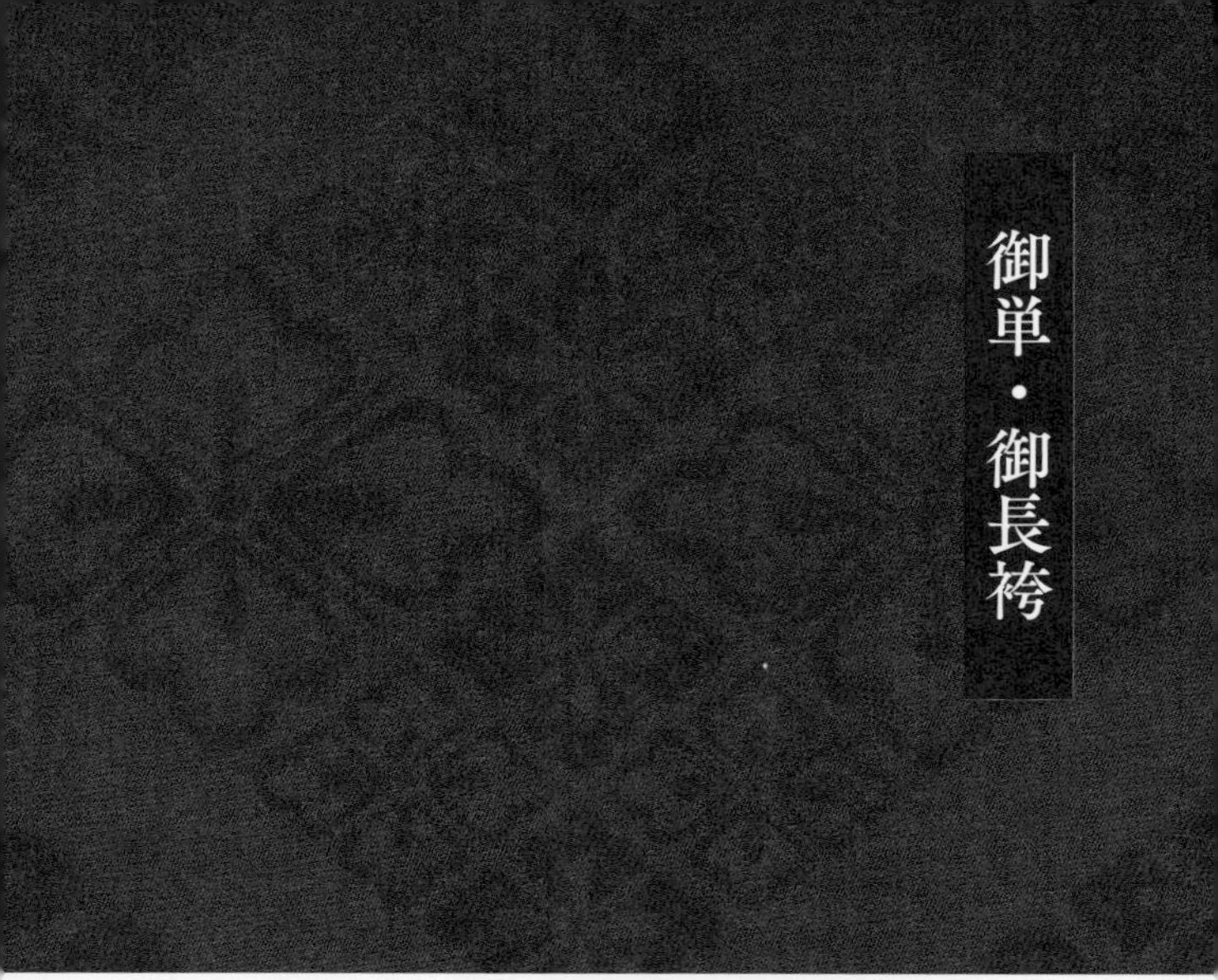

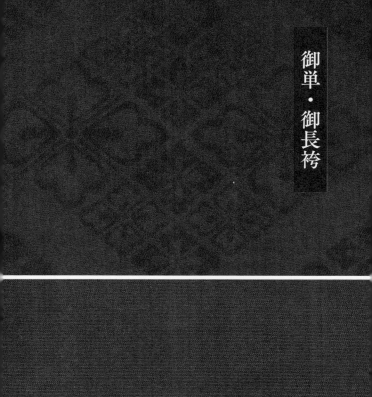

（上）紅綾文幸菱《さいわいびし》
（下）紅精好《せいごう》裏同

御《おん》裳《も》

経生緯半練白綾三《み》重《え》襷《だすき》文

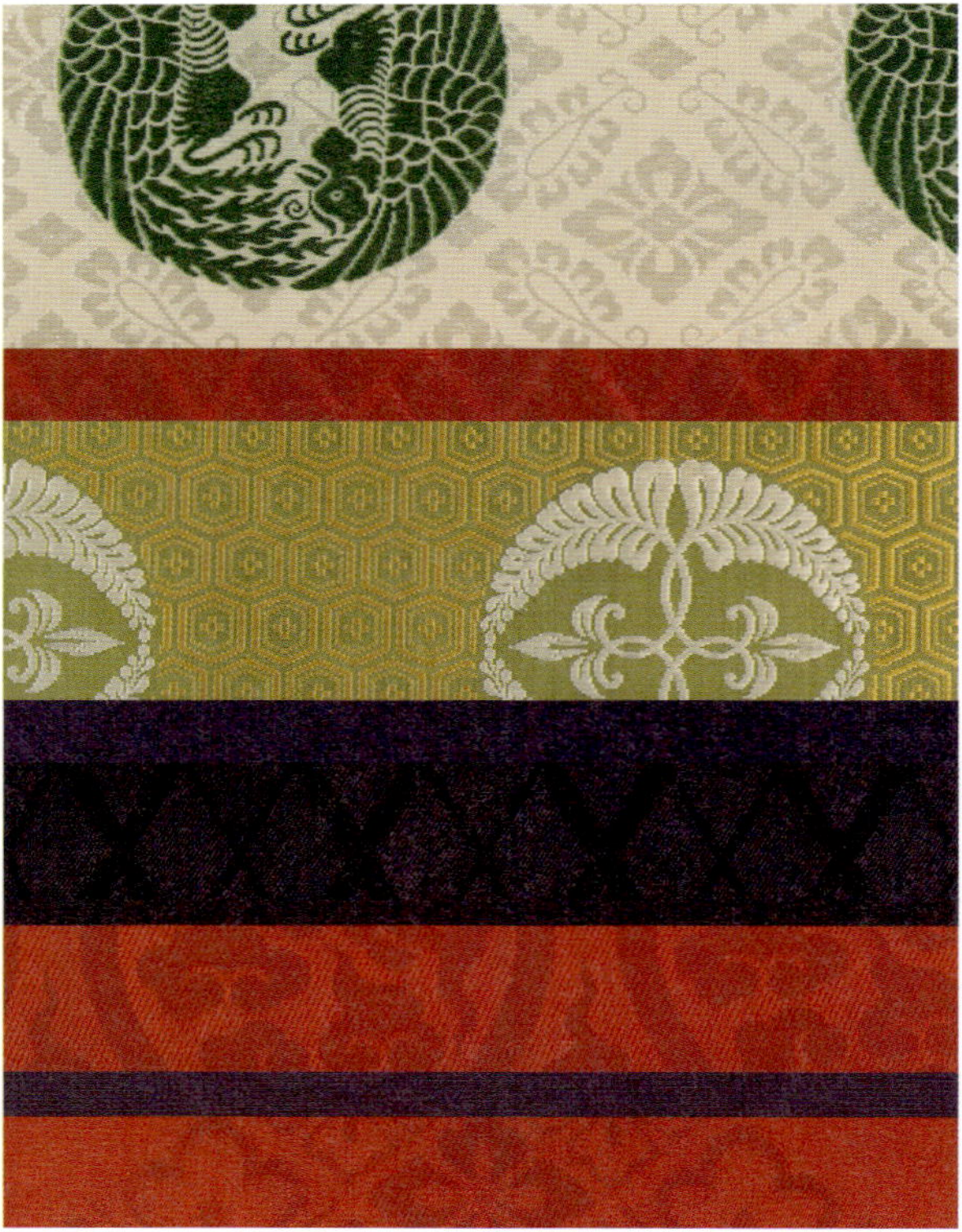

皇后（貞明皇后）の御五衣御唐衣御裳の重ね一式

後年に即位礼の御五衣御《おん》小《こ》袿《うちぎ》御長袴を着用された香淳皇后

御《おん》小《こう》袿《ちぎ》

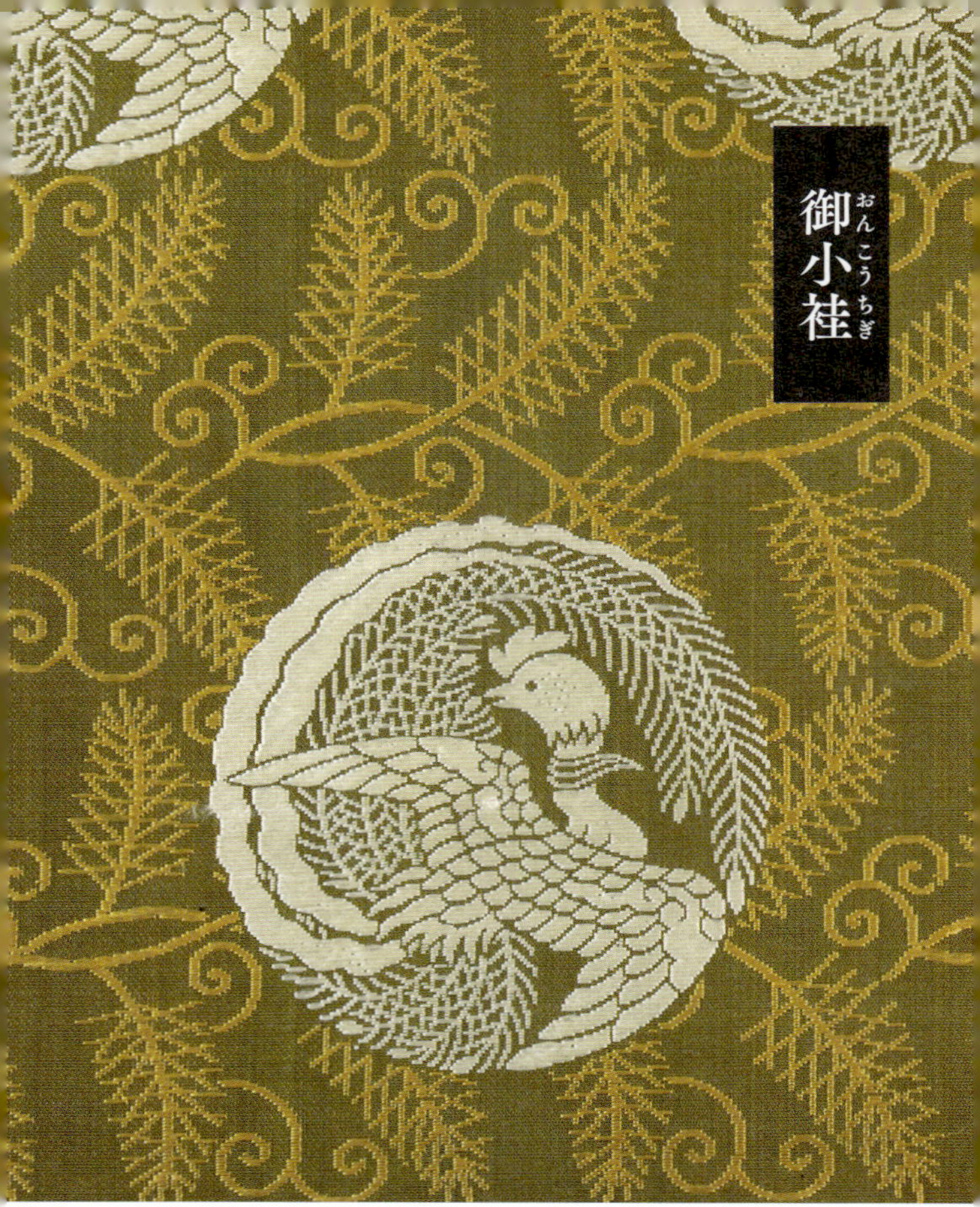

萌黄浮織松唐草地鳳凰丸文二重織
精緻な縫取織が見られます

御小袿表地の裏側

御小袿の中陪と裏地

中陪《なかべ》（表地と裏地の間に挟む生地）は薄色平絹、裏地は紫平絹

御表着《おうわぎ》

白固地綾地文菊唐草

御《おん》五衣《いつつぎぬ》

（五領とも同じ）
紅固地綾藤立涌文
裏地は薄紅平絹

皇后（貞明皇后）の御五衣御小袿御長袴の重ね一式

皇族妃の小袿

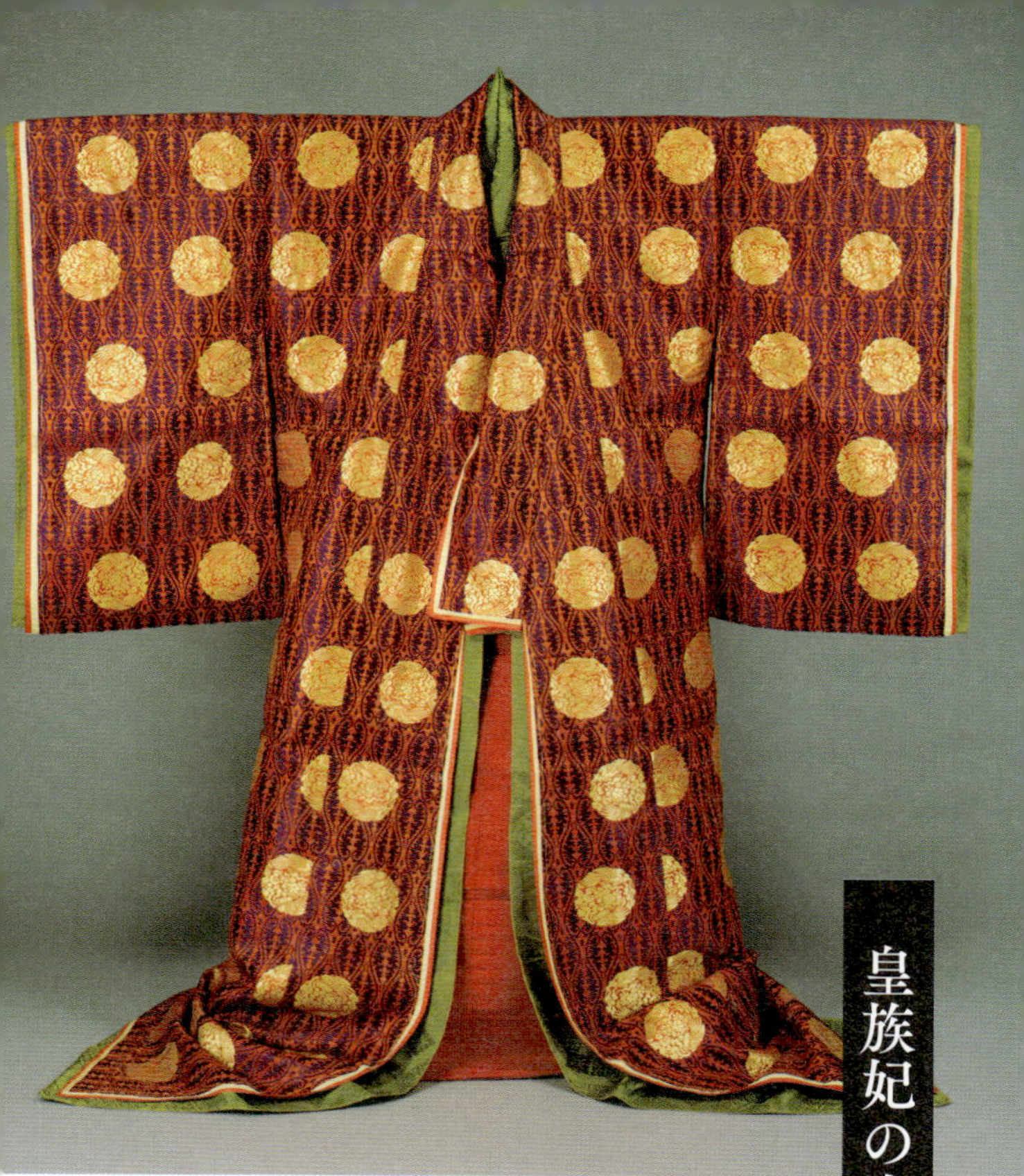

（東京国立博物館蔵）

赤色固地綾雲立地黄鳳凰雲花丸文二重織

皇太子専用の黄丹袍《おうにほう》

当色は奈良時代以来の黄丹、文様は皇太子専用の「窠中鴛鴦《かのなかにえんおう》」です。即位礼のほか立太子礼・御成年式・御結婚式・恒例大祭小祭で着用されます

画像：井筒グループ

大正の即位礼では、十四歳未成年（立太子礼以前）の裕仁《ひろひと》親王が特例で参列を許され、高御座の前に佇立《ちょりつ》しました。袍は童形の闕腋袍《けってきほう》、頭は冠ではなく「空頂黒《くうちょうこく》幘《さく》」をつけました

黄《おう》丹《に》袍《ほう》

黄丹固地綾窠中鴛鴦文

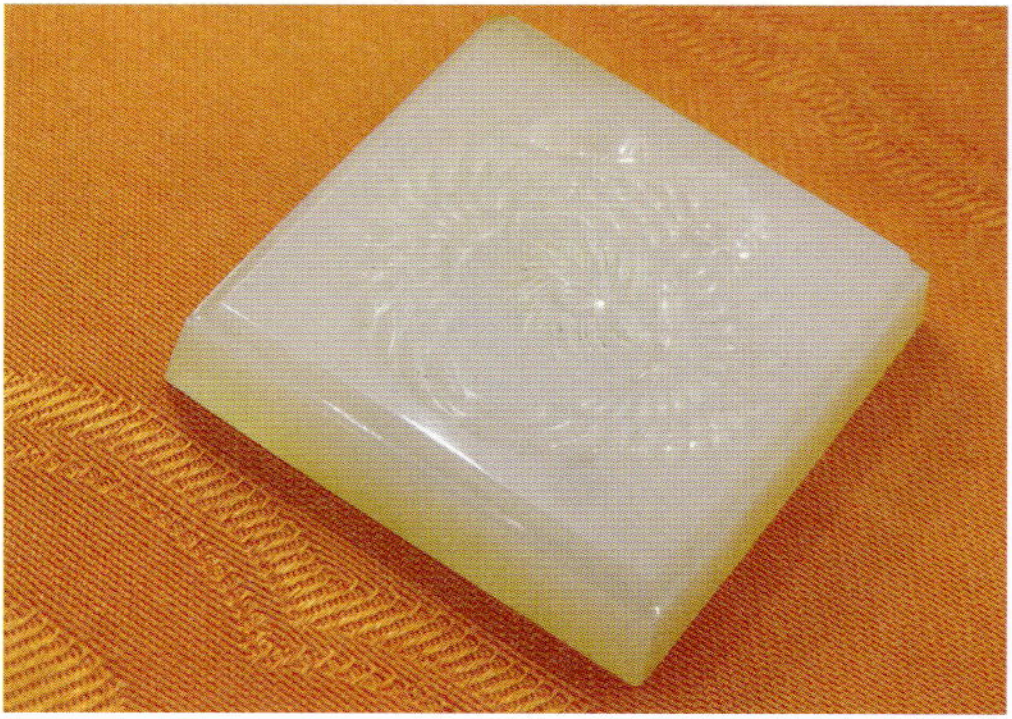

（上）袍裏地の黄丹平絹
（下）皇太子の石帯の「銙《か》」（石）は瑪瑙《めのう》で窠中鴛鴦文

（上）黒固地綾小葵文

（下）裏地は薄縹《うすはなだ》平絹。大正即位礼では裕仁親王が童形の闕腋袍着用であったため、袍の下に半臂を着用しました

下襲《したがさね》

白固地綾小葵文
裏地は深蘇芳固地綾竪繁菱文板引

袙《あこめ》

紅固地綾小葵文板引
裏地は紅平絹

単《ひとえ》

紅固地綾竪繁菱文

表袴《うえのはかま》

白浮織物窠に霰文

（上）紅平絹板引
（下）紅平絹

文様の大小

（右）天皇の御表袴「窠に霰」
（左）皇太子の表袴「窠に霰」
同じデザインですが若いほど文様は小さく数多く、加齢に伴い文様は大きく数が少なくなります。これはすべての装束に共通のルールです

皇族用の束帯を着用する朝香宮《あさかのみや》鳩彦《やすひこ》王

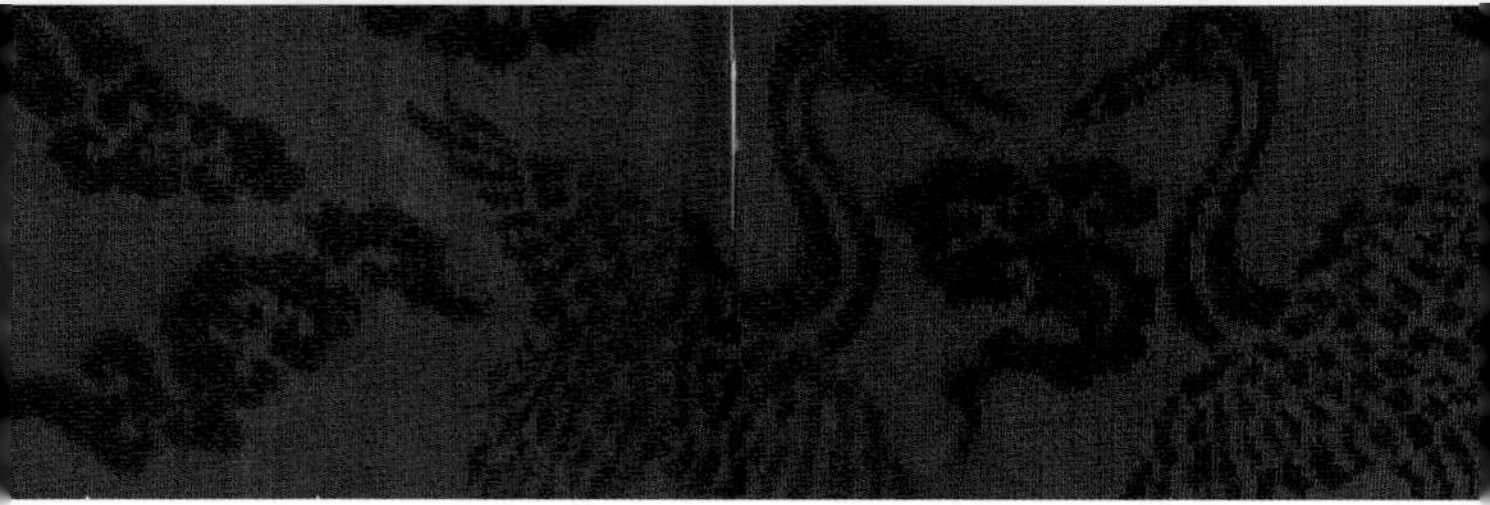

（上）黒固地綾雲鶴《うんかく》文

裏地は黒平絹

（下）夏物の黒縠織《こめおり》雲鶴文

皇族の下襲

白固地綾臥蝶丸《ふせちょうのまる》文
裏地は濃蘇芳固地綾遠菱文板引

紅固地綾小葵文板引

袙は天皇・皇太子・皇族が着用し、臣下は用いません

皇族の表袴

白浮織綾窠に霰文
裏地は紅平絹板引

（写真左）習礼《しゆらい》にあたり、小直衣《このうし》・指袴《さしこ》を着用した伏見宮博恭《ふしみのみやひろやす》王
右は子息・博義《ひろよし》王の朝子《ときこ》妃（昭和の即位礼）

皇族の小直衣

白固地綾鶴丸《つるのまる》文
裏地は紫平絹
小直衣は平安時代後期に生まれた略儀の装束で、作法習礼の際に着用します

皇族の指貫《さしぬき》（奴袴《ぬばかま》）・指袴《さしこ》

紫浮織雲立涌文

指貫は衣冠着用時に用いる袴です。指袴は足首の丈までの略儀のもので、小直衣着用時に用います

女子皇族共通の五衣唐衣裳を着用した東伏見宮依仁《ひがしふしみのみやよりひと》親王妃周子《かねこ》

女子皇族の唐衣

紫浮織亀甲地白雲鶴丸文二重織

紫固地綾小菱文板引

女子皇族の表着

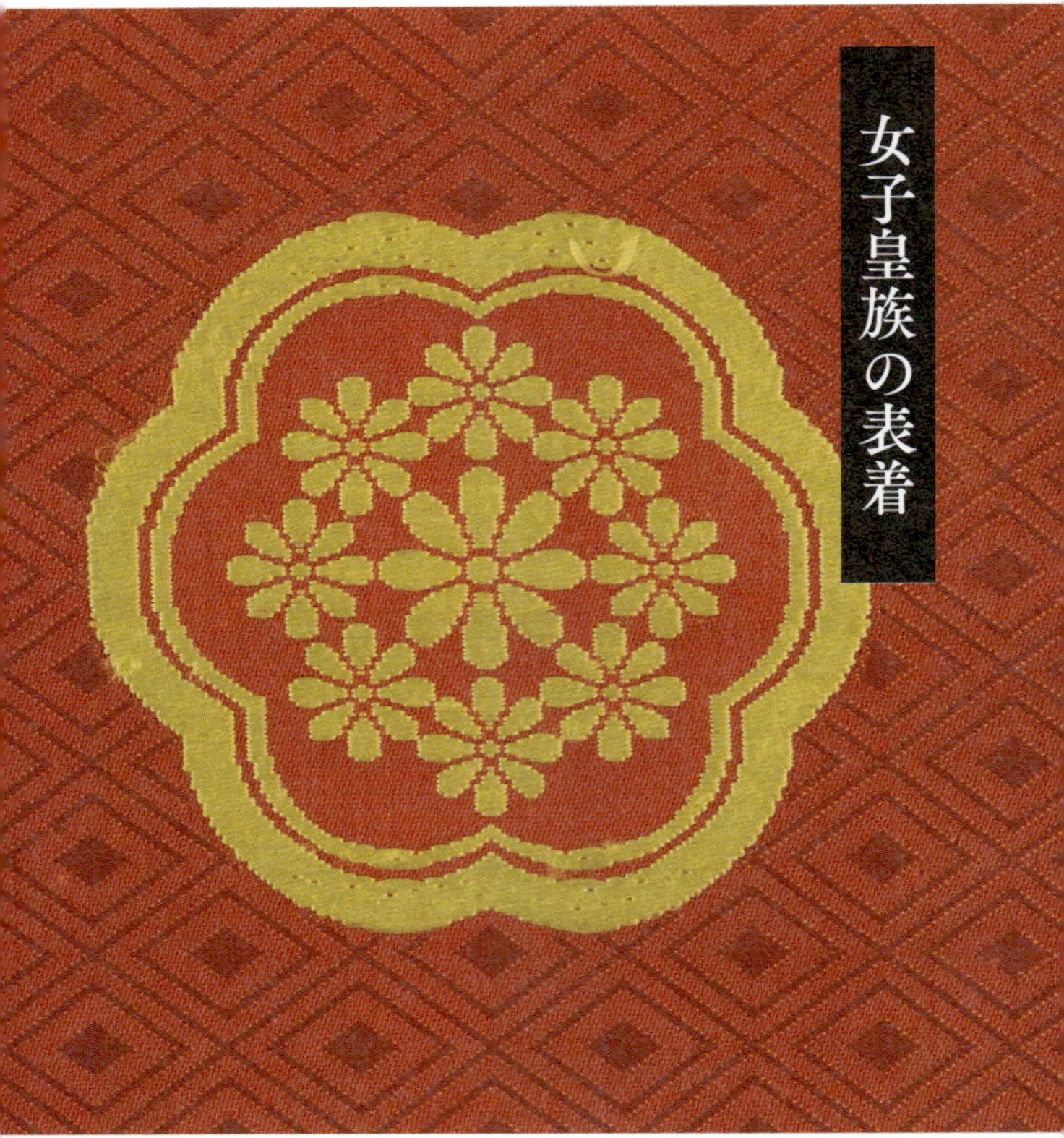

紅浮織入子菱《いれこびし》地黄八葉菊《はちようぎく》文二重織
昭和以降、上文《うわもん》の八葉菊は白に変更されました

薄紅平絹

女子皇族の打衣

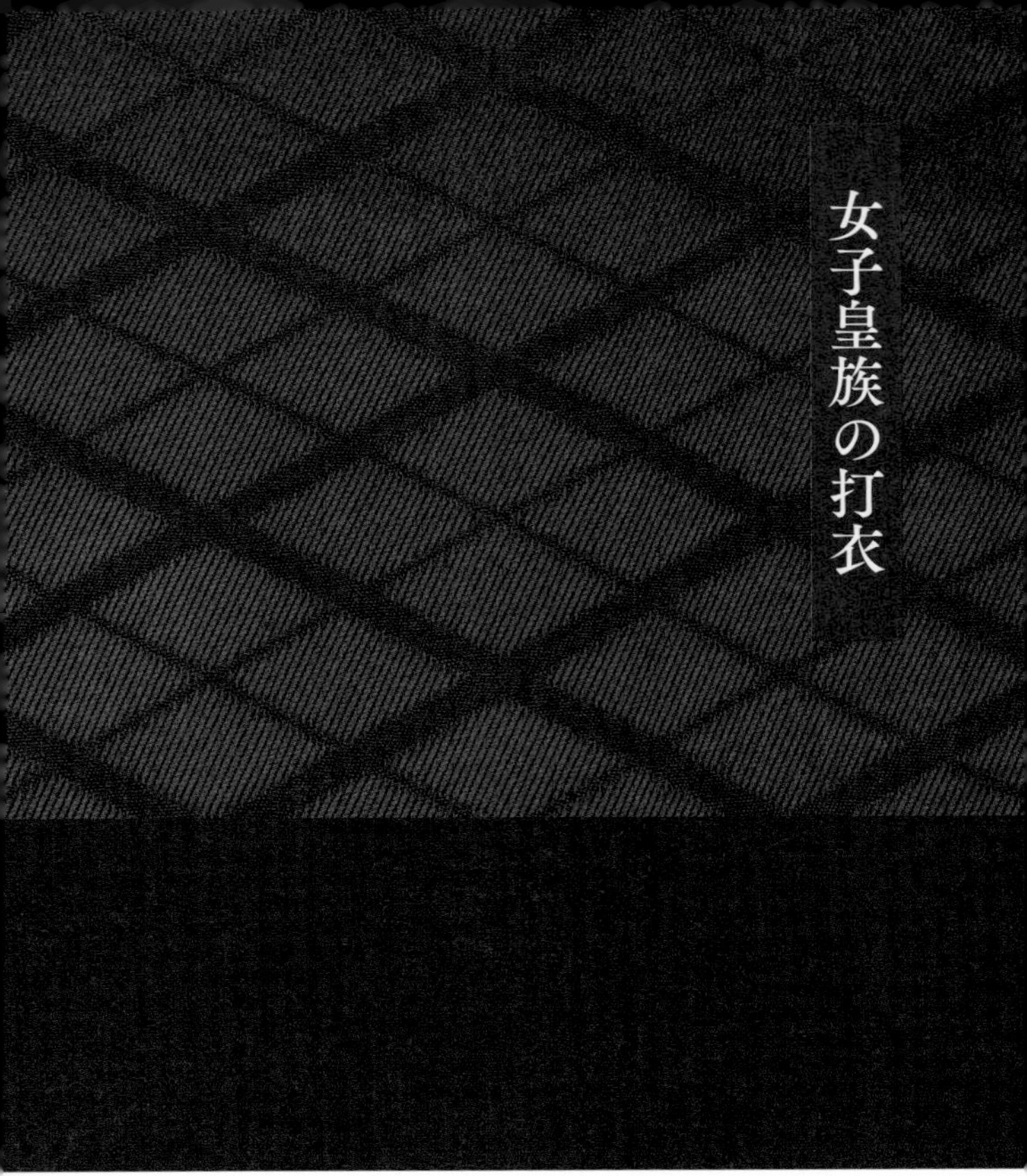

浅紫固地綾繁菱文
裏地は浅紫平絹

（五領とも同じ）
萌黄固地綾松立涌文
裏地は紫平絹

女子皇族の単
紅綾幸菱文

女子皇族の長袴

緋精好裏同

女子皇族の五衣唐衣裳の重ね一式

五衣小袿長袴を着用した梨《なし》本《もと》宮《のみや》守正《もりまさ》王妃伊都子《いつこ》
大正即位礼の「賢所御神楽の儀」における五衣小袿姿

女子皇族の五衣小袿

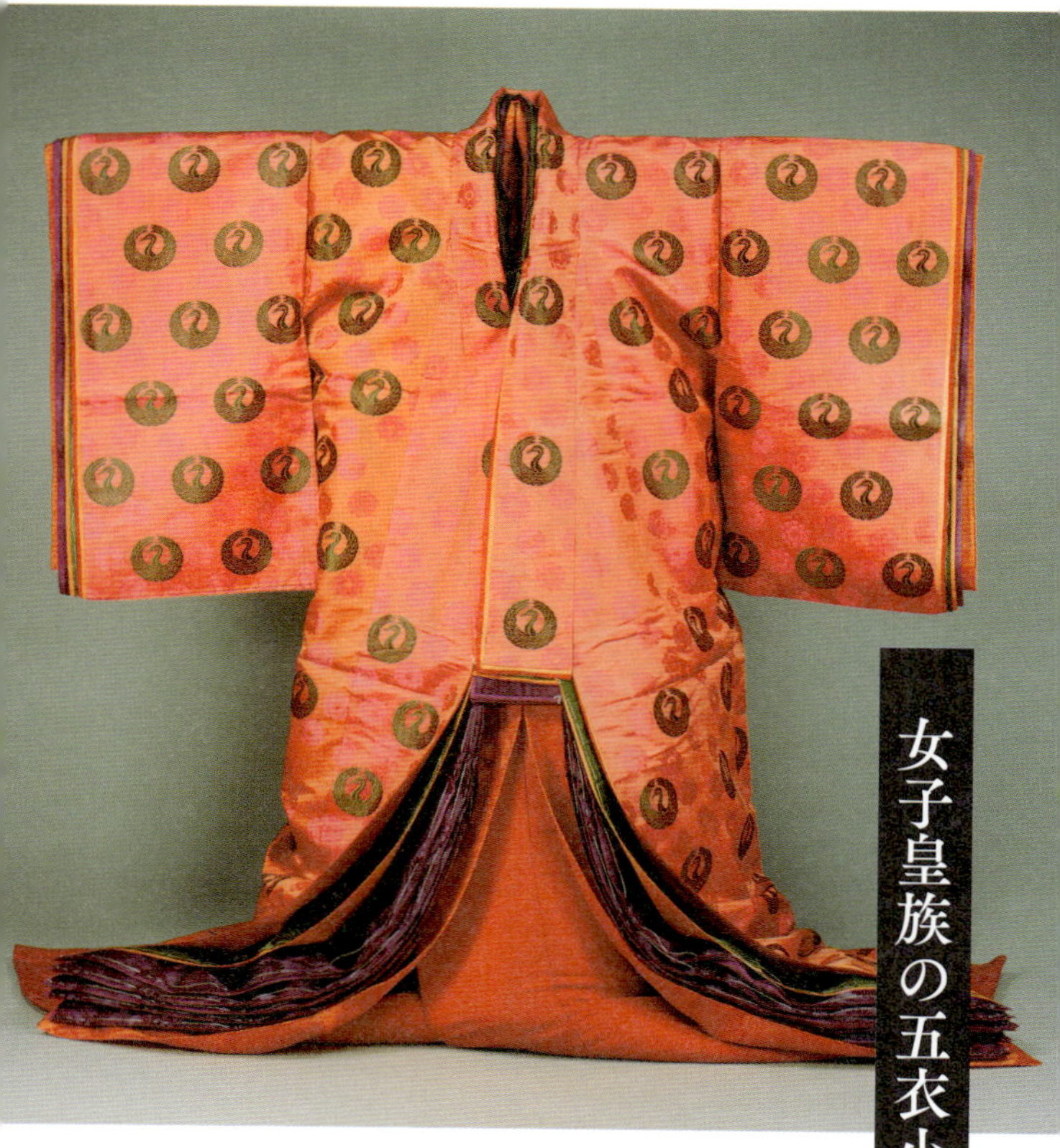

（東京国立博物館蔵）

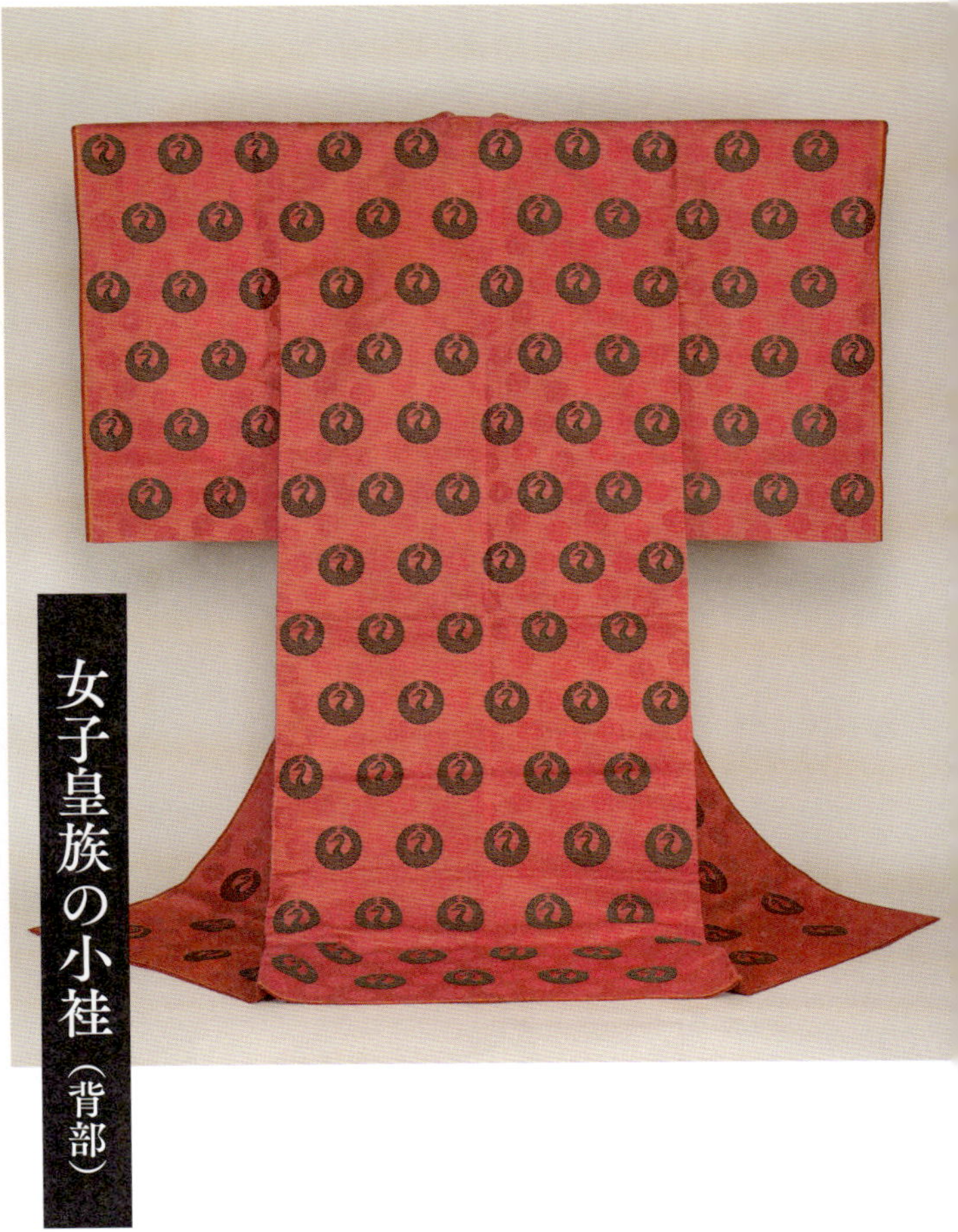

女子皇族の小袿（背部）

女子皇族の小袿

紅梅固地綾八重《やえ》梅《うめ》地青鶴丸文二重織
裏地は蘇芳平絹

女子皇族の表着

萌黄固地綾桐唐草《きりからくさ》文
裏地は紫平絹

女子皇族の五衣

（五領とも同じ）
紫固地綾菊立涌文
裏地は薄紫平絹

女子皇族の単・長袴

（上）紅綾幸菱文

（下）紅精好裏同

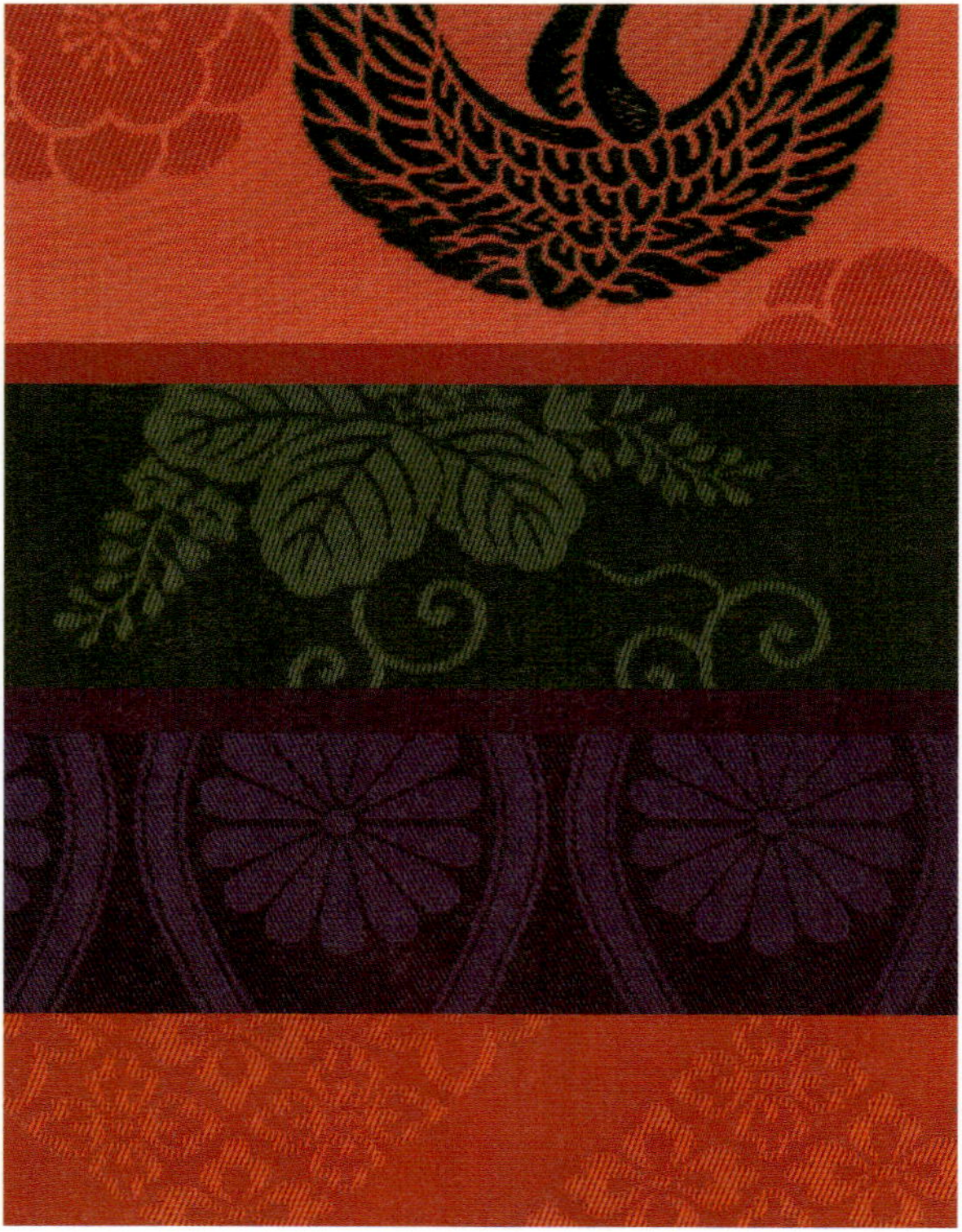

女子皇族の五衣小袿長袴の重ね一式

女子皇族の袿

赤色固地綾雲立涌文
18ページで梨本宮守正王妃伊都子が着用しているものと同じ生地です

袿袴道中着の際に履く靴

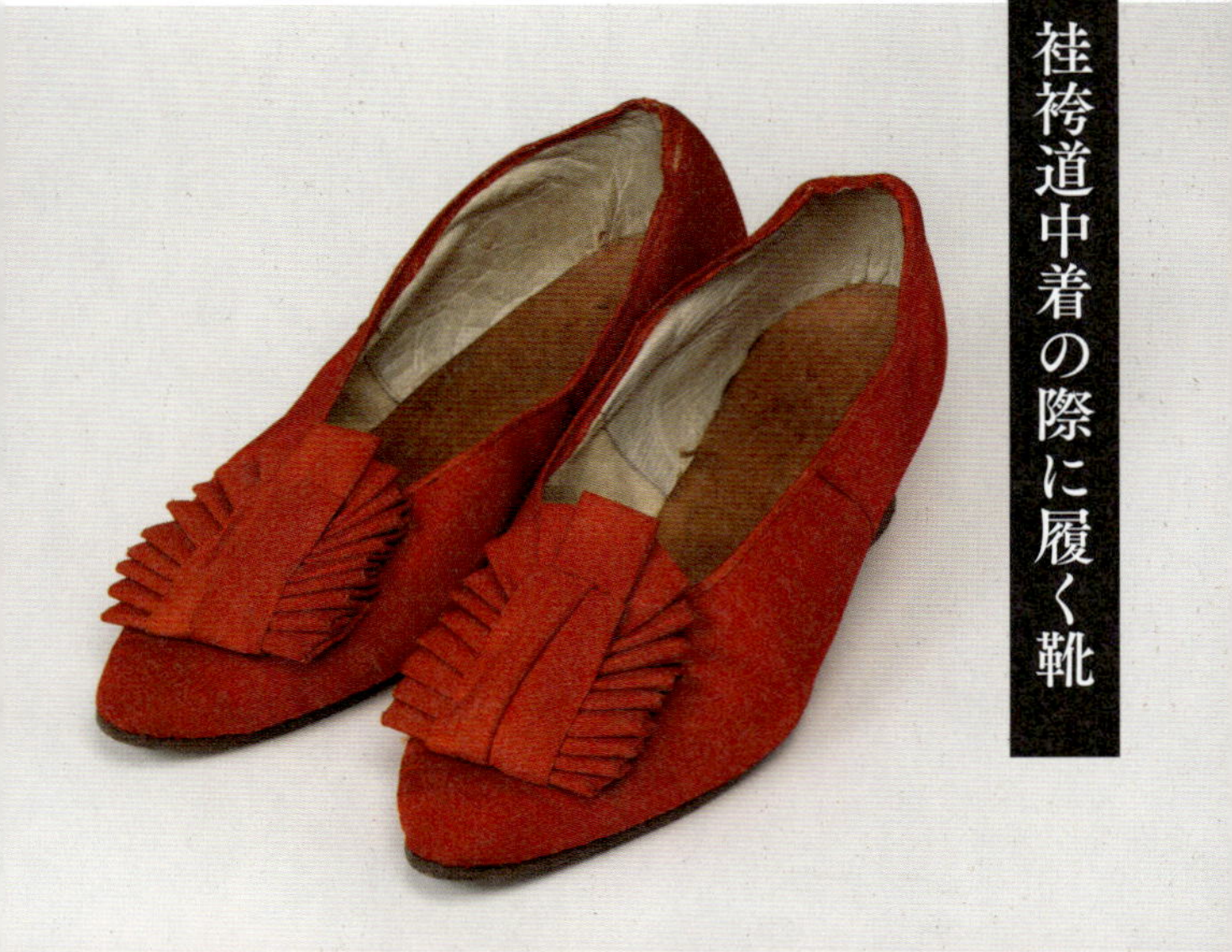

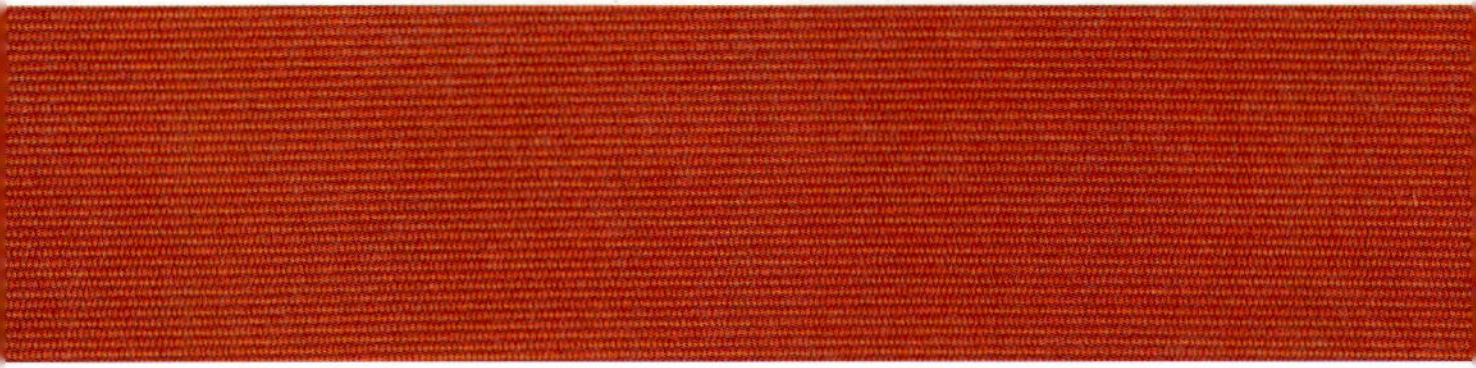

完全な洋靴のスタイルで、表面には袴と同じ生地を張ります。これは紅精好張

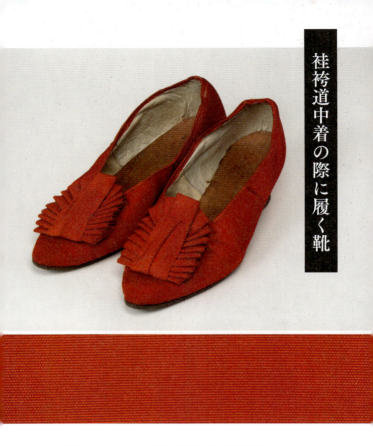

袿袴姿の典侍《てんじ》・柳原《やなぎわら》愛《なる》子《こ》

大正天皇の生母です。温厚堅実な性格で大正天皇・貞明皇后の御信頼が厚く、宮中の奥を取り仕切り、即位礼の際は正三位であったため「三位局《さんみのつぼね》」と呼ばれました

御内儀監督・柳原愛子
即位礼後の大正四年（一九一五）十二月一日、従二位に叙され「二位局」に呼称が変わりました

柳原三位局が即位礼で着用した小袿

白固地綾三重襷地臥蝶丸《ふせちょうのまる》文

大正の即位礼時の首相・大隈重信
勅任官用の束帯を着用。足の不自由な首相でしたが、紫宸殿の十八段の階段を無事に昇降して「寿詞」を奏上しました
近代の官員（国家公務員）は勅任官・奏任官・判任官に区分されます。軍隊で言えば将官が勅任官、佐官尉官が奏任官、下士官が判任官です

臣下・勅任官の束帯の袍

黒固地綾輪《わ》無《なし》唐草《からくさ》文

臣下・勅任官の下襲

白固地綾臥蝶丸文

裏地は黒固地綾遠菱文板引

別裾纔着《べつきよさいじやく》。長七尺・幅一尺二寸

臣下・勅任官の単

紅固地綾繁菱文

臣下・勅任官の表袴

白練緯《ねりぬき》綾藤丸文

臣下・勅任官の表袴の裏地・大口袴

（上）紅平絹板引

（下）紅平絹裏同

臣下・奏任官の束帯の袍

蘇芳固地綾輪無唐草文
軍隊で佐官尉官に相当する奏任官は、勅任官と合わせて「高等官」と呼ばれました

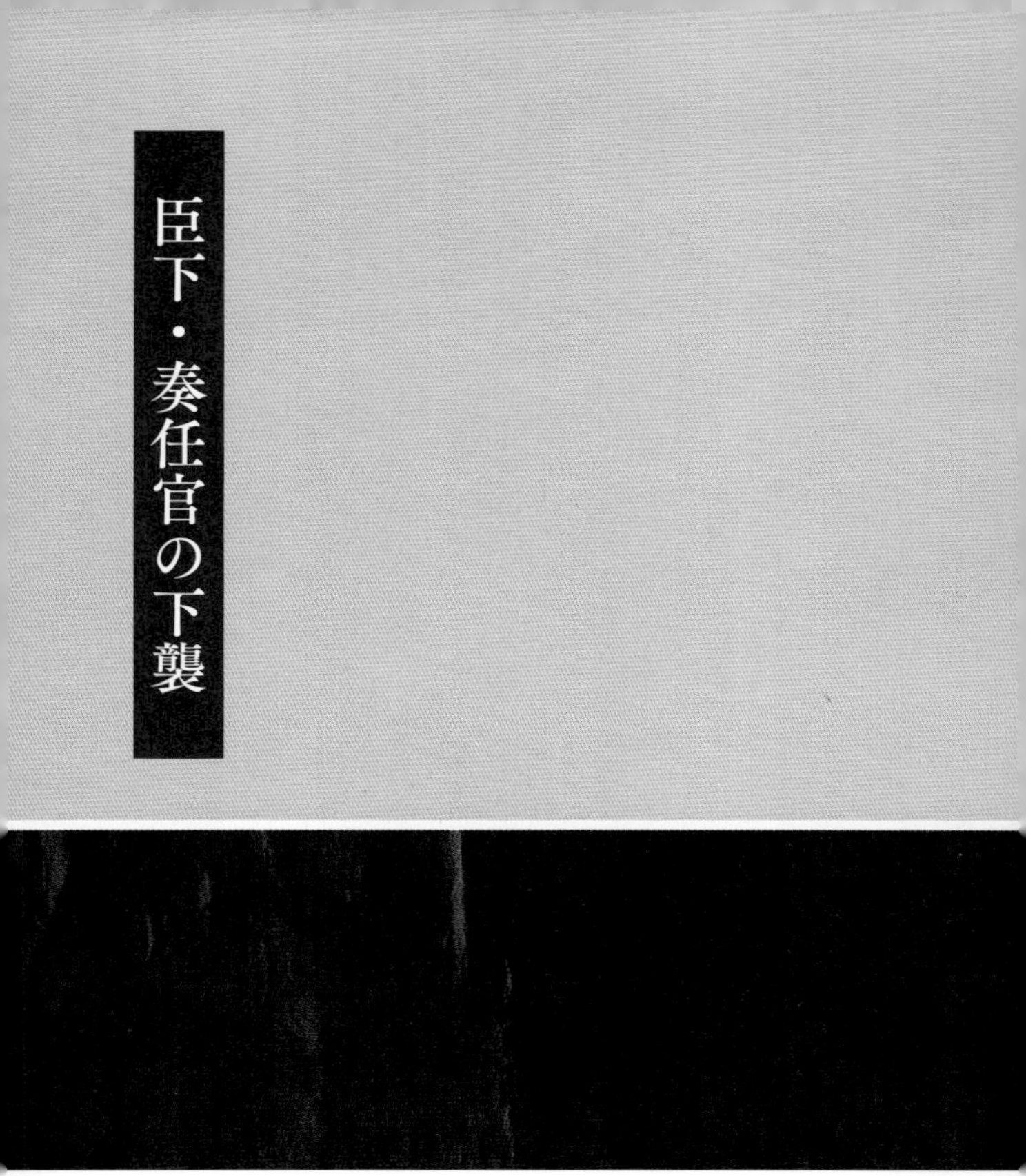

白小《こ》柳《りゅう》綾無文

裏地は黒小柳綾無文板引

別裾纔着。長七尺・幅一尺二寸

臣下・奏任官の単

紅固地綾繁菱文

臣下・威儀物捧《ほう》持《じ》者《しゃ》の束帯の袍

縹綾無文
江戸時代までは六位以下の役職でしたが、近代では宮内省の高等官が勤めました

典侍《てんじ》・権典侍《ごんのてんじ》の五衣唐衣裳

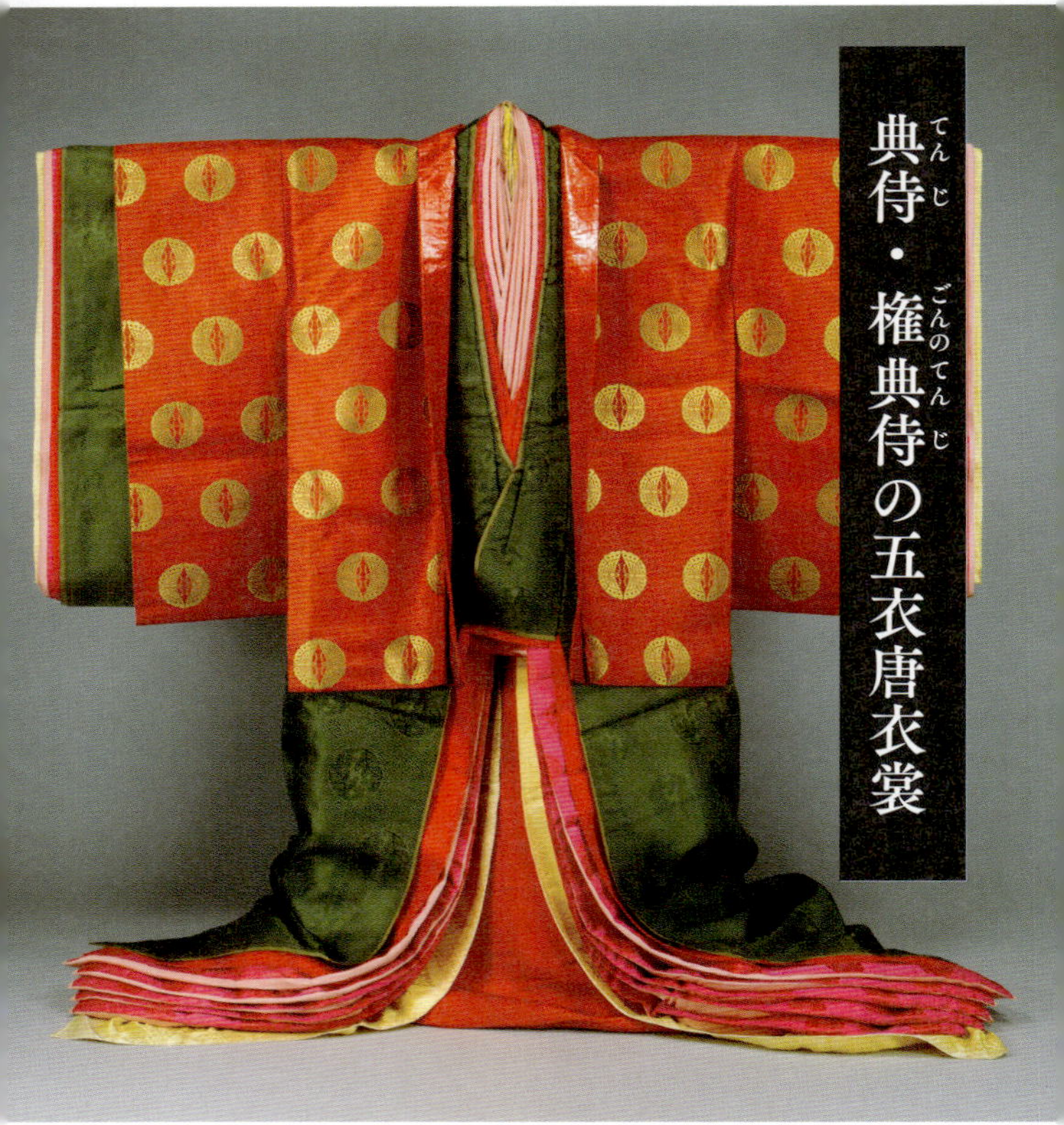

（東京国立博物館蔵）

近代の皇后職の高等女官には、典侍・権典侍・掌侍・権掌侍・命婦・権命婦の六階級がありました。その下に判任官の女嬬がいました

典侍・権典侍の裳

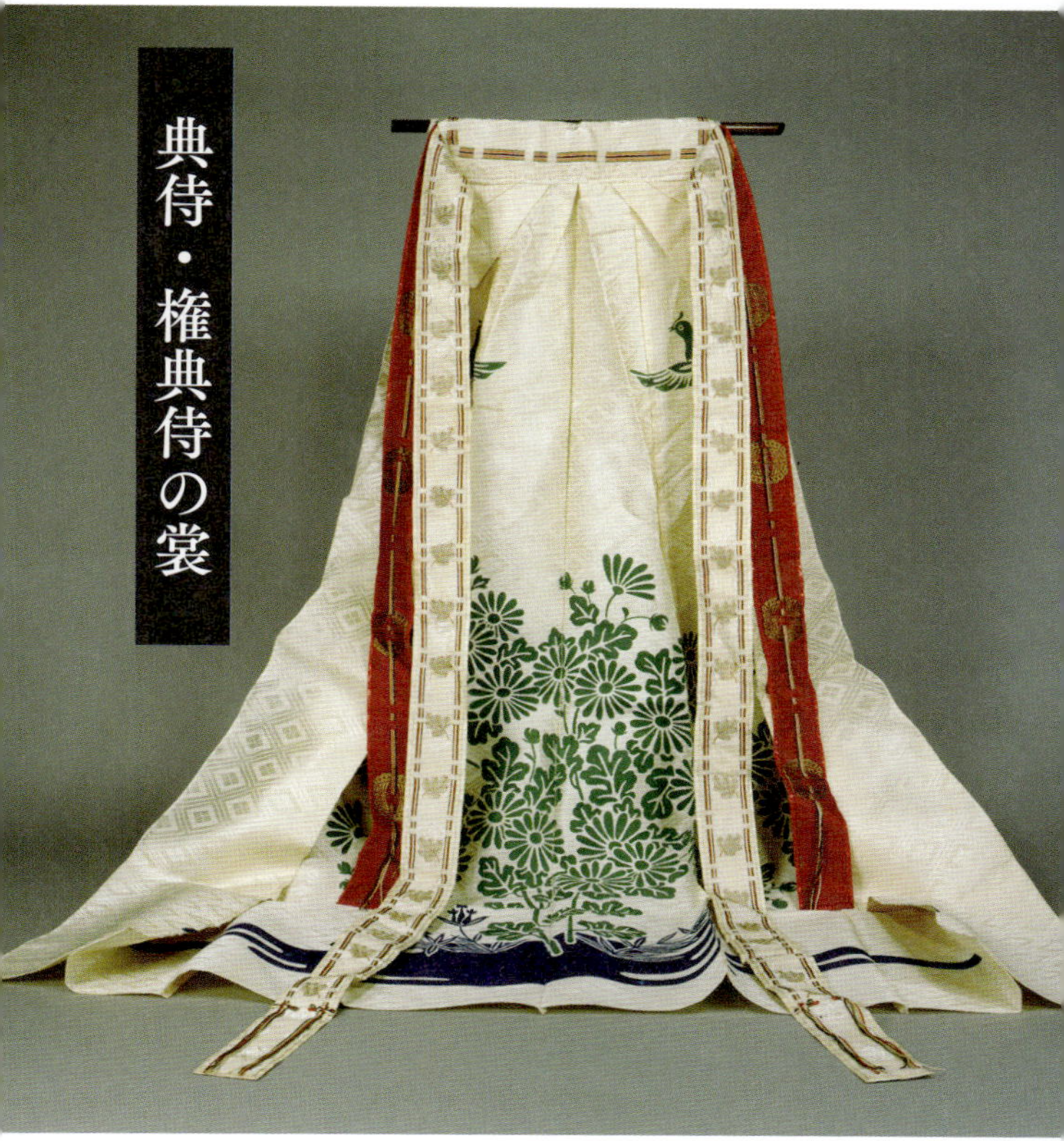

（東京国立博物館蔵）
高等女官の六階級の呼称は昭和になって宮中では廃止され、貞明皇后の大宮御所だけで用いられました

五衣唐衣裳の持具等

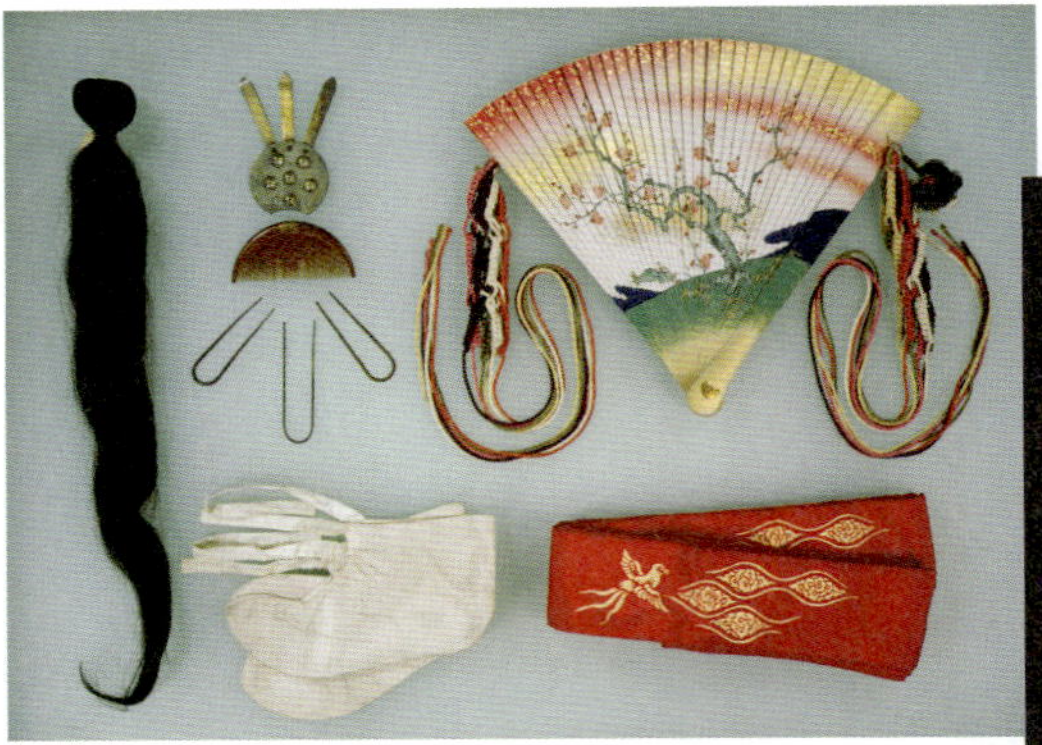

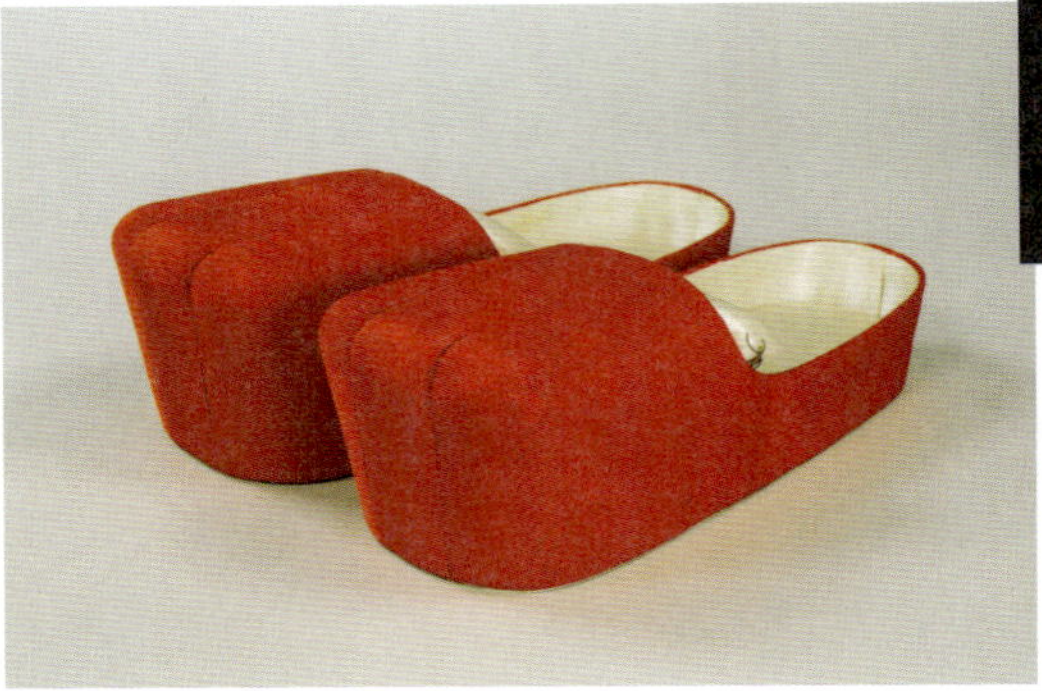

(上) 右上：檜《ひ》扇《おうぎ》　右下：腰帯　中上：髪上げ具　中下：襪《しとうず》
左：おすべらかしの玉《たま》髢《かもじ》
(下) 浅沓《あさぐつ》。袴と同じ生地を張ります。これは紅精好
(東京国立博物館蔵)

典侍・権典侍の唐衣

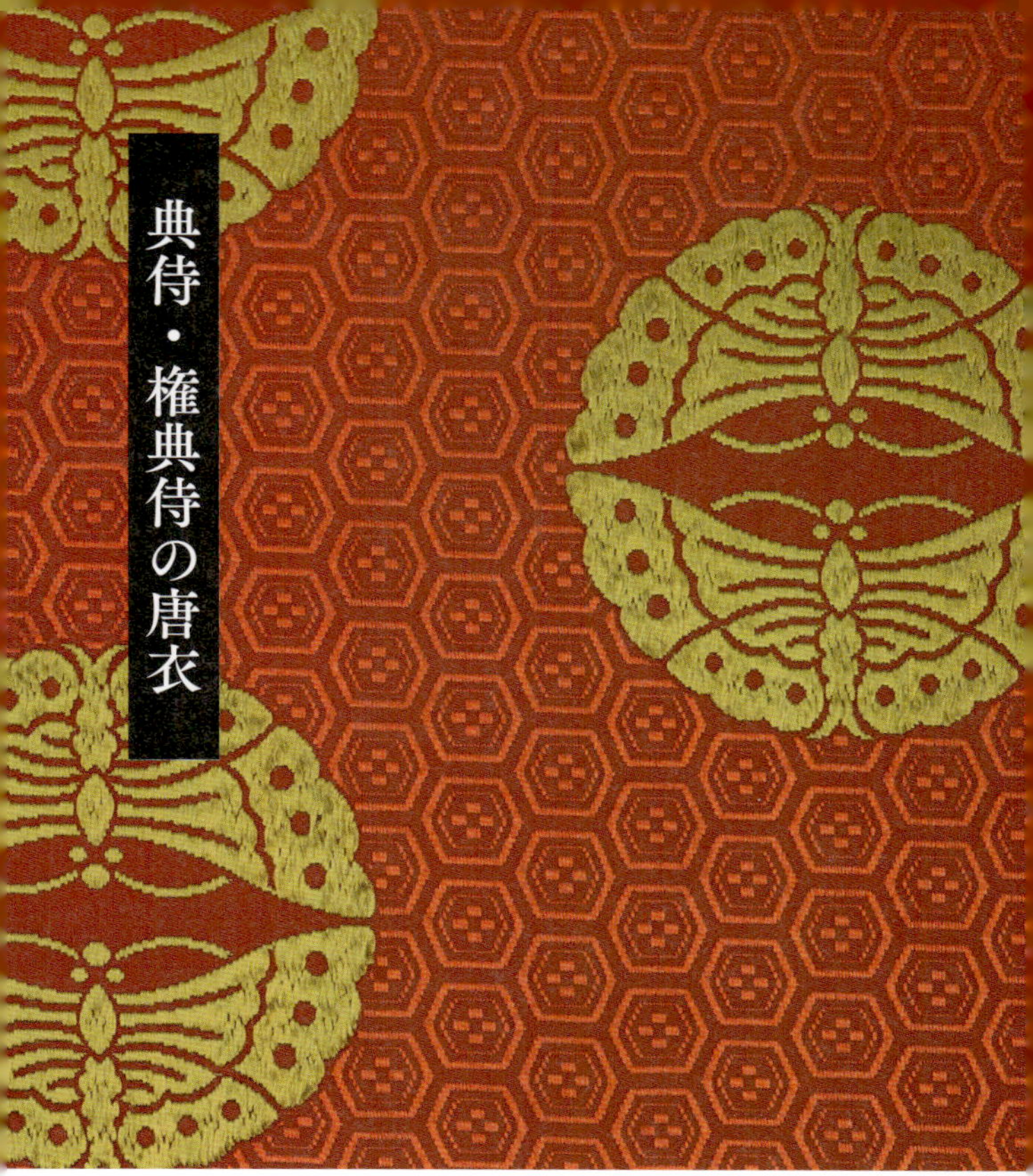

蘇芳浮織亀甲地黄向蝶丸二重織

蘇芳平絹板引

典侍・権典侍の表着

萌黄浮織入子菱地松丸
裏地は萌黄平絹板引

典侍・権典侍の五衣

（五領とも同じ）
薄紅固地綾八《や》重《え》梅《うめ》文
裏薄紅平絹

典侍・権典侍の単・長袴

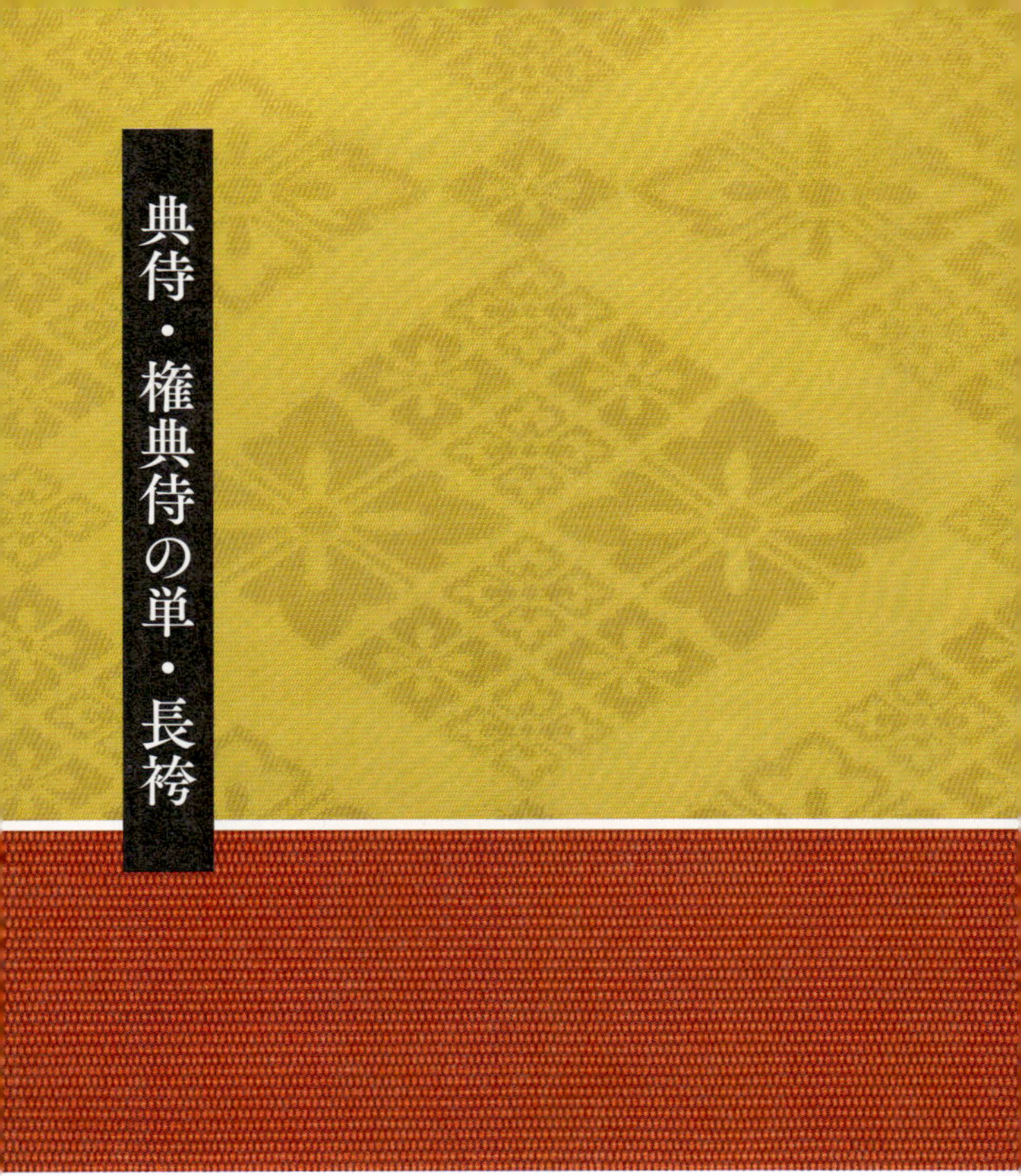

（上）黄綾幸菱文
（下）緋精好裏同

典侍・権典侍の五衣唐衣裳の重ね一式

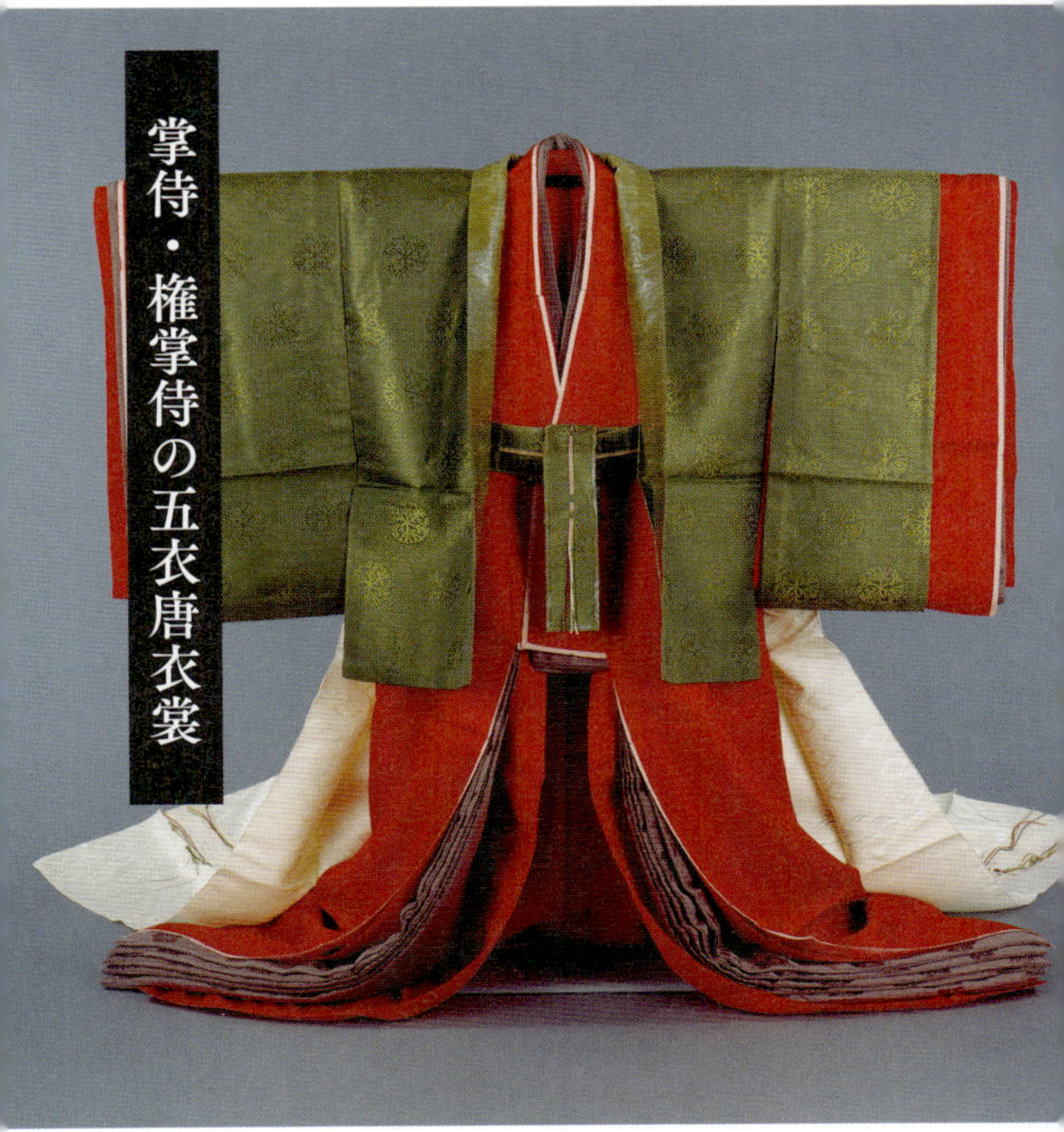

掌侍・権掌侍の五衣唐衣裳

（京都国立博物館蔵）

権掌侍の唐衣

萌黄浮織入子菱地海松《みる》丸《のまる》
裏地は萌黄平絹板引

掌侍・権掌侍の表着

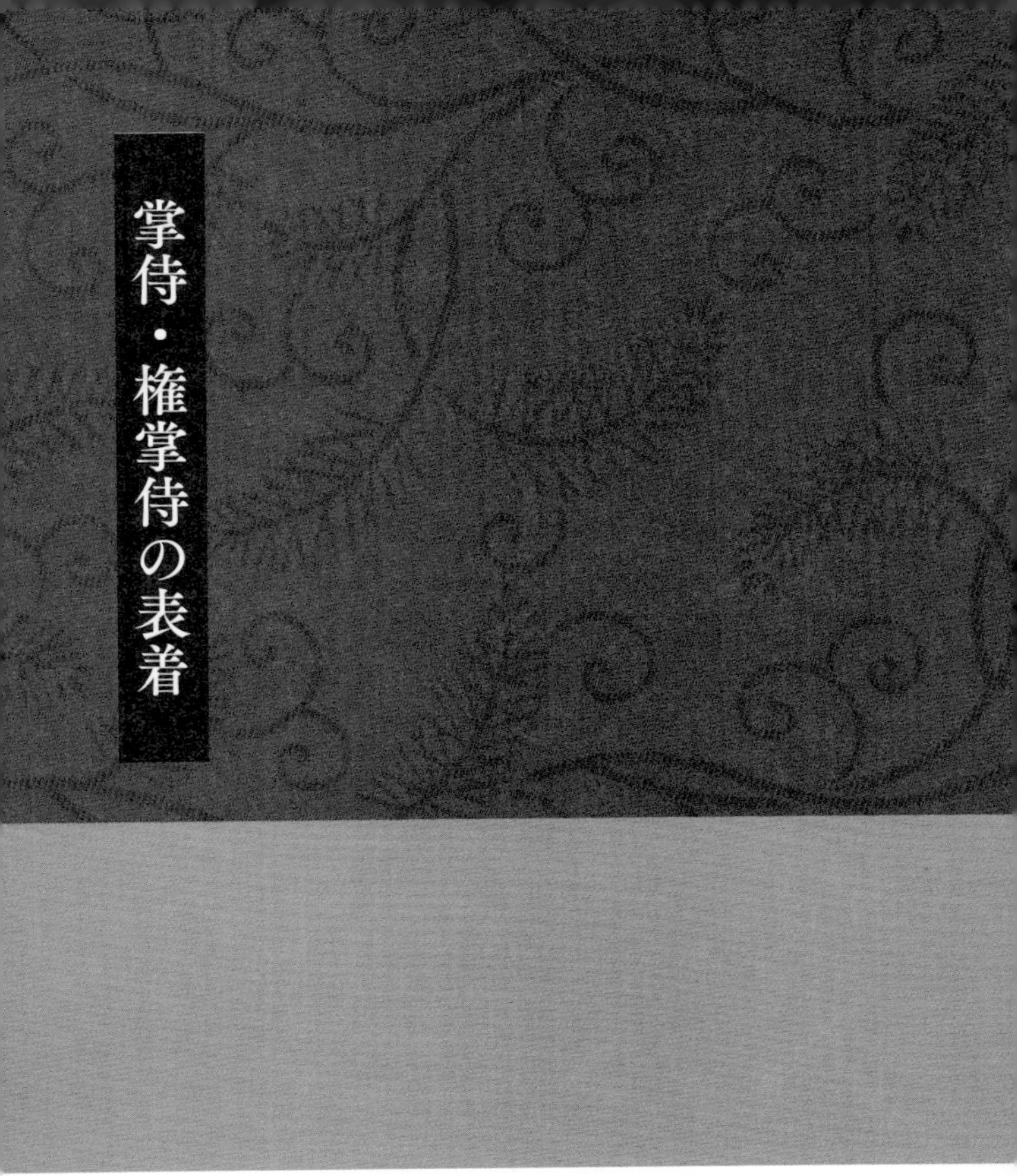

紅綾松唐草文
裏地は薄紅平絹

掌侍・権掌侍の五衣

（五領とも同じ）
葡萄《えび》綾唐花文
裏地は紅平絹

掌侍・権掌侍の単・長袴

（上）紅綾幸菱文
（下）緋精好裏同

掌侍・権掌侍の五衣唐衣裳の重ね一式

女官の小袿

（上）（京都国立博物館蔵）

（下）葡萄固地綾地白梅丸文

権命婦の唐衣

二藍固地綾杏葉《ぎようよう》丸文

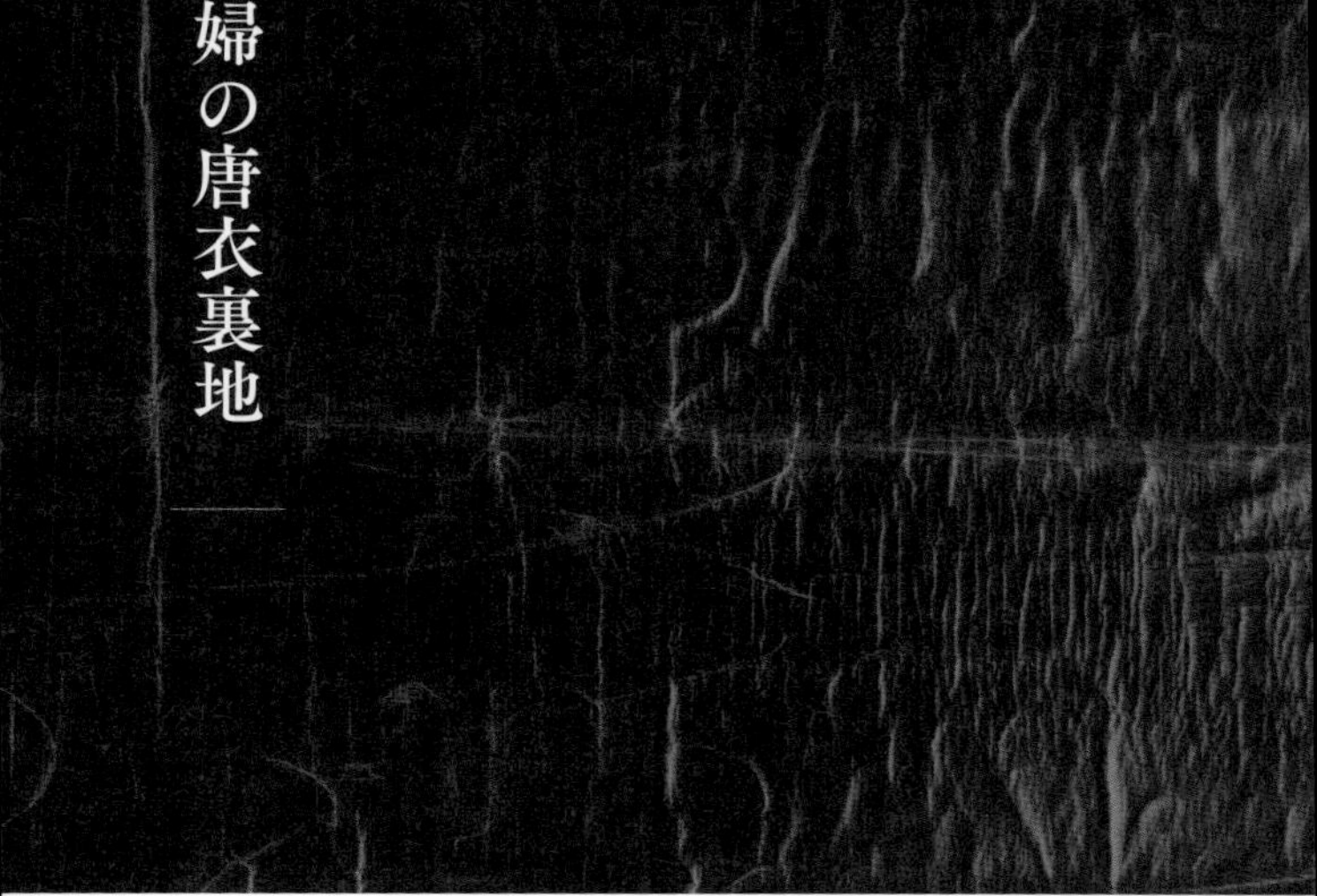

婦の唐衣裏地

紫平絹板引

命婦・権命婦の表着

黄綾桜丸文
裏地は萌黄平絹

命婦・権命婦の五衣

（五領とも同じ）
朽葉《くちば》平絹
裏地は薄紫平絹

命婦・権命婦の単・長袴

（上）紅綾幸菱文
（下）緋精好裏同

命婦・権命婦の裳

海賦《かいぶ》文様地摺《じずり》

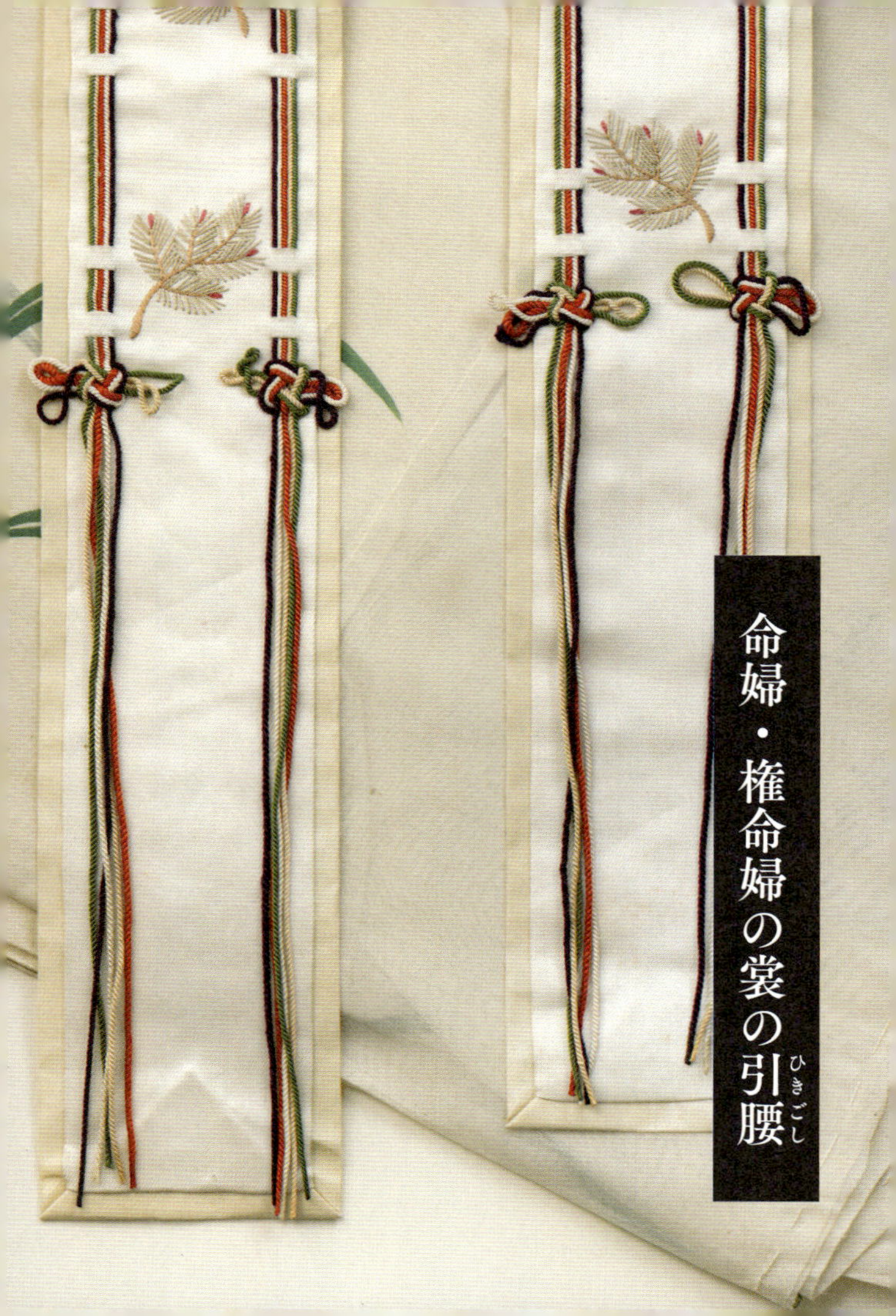

命婦・権命婦の裳の引腰《ひきごし》

命婦・権命婦の五衣唐衣裳の重ね一式

五節《ごせち》の舞姫

古代からの伝統で、大嘗祭の後の大饗で舞を披露する舞姫です
大正の即位大饗では
子爵　石野基道女　　和子　十九歳
伯爵　清閑寺経房女　歌子　二十一歳
子爵　高倉永則女　　則子　十九歳
子爵　萩原員種女　　種子　二十一歳
子爵　舟橋遂賢女　　厚子　十八歳
が二条離宮に設けられた饗宴殿で舞いました。『大礼記録』（大礼記録編纂委員会編）に、その装束が詳細に記されています

五節舞姫の唐衣

蘇芳練緯綾青色松鶴浮文

蘇芳練緯綾青色松鶴浮文
裏地は濃蘇芳平絹板引
※昭和度では「緋浮織物白尾《お》長鳥《ながどり》に青唐花文、裏薄紅梅平絹」に変更されました

五節舞姫の唐衣

五節舞姫の表着

綾地紅ニ枝桜白染抜

裏地は紅平絹

※有職装束に染文様は珍しく、『昭和大礼要録』によれば昭和度では「青浮織物文薄青枝桜、裏薄青平絹」に変更されました

五節舞姫の袙

綾地紫ニ椿唐草白染抜

裏地は薄紫平絹

※昭和度では「紫浮織物文薄紫椿唐草、裏薄紫平絹」に変更されました

五節舞姫の単・長袴

（上）青色固織綾幸菱文
（下）濃色精好裏同

五節舞姫の裳

白練緯綾三重襷文雲文様地摺

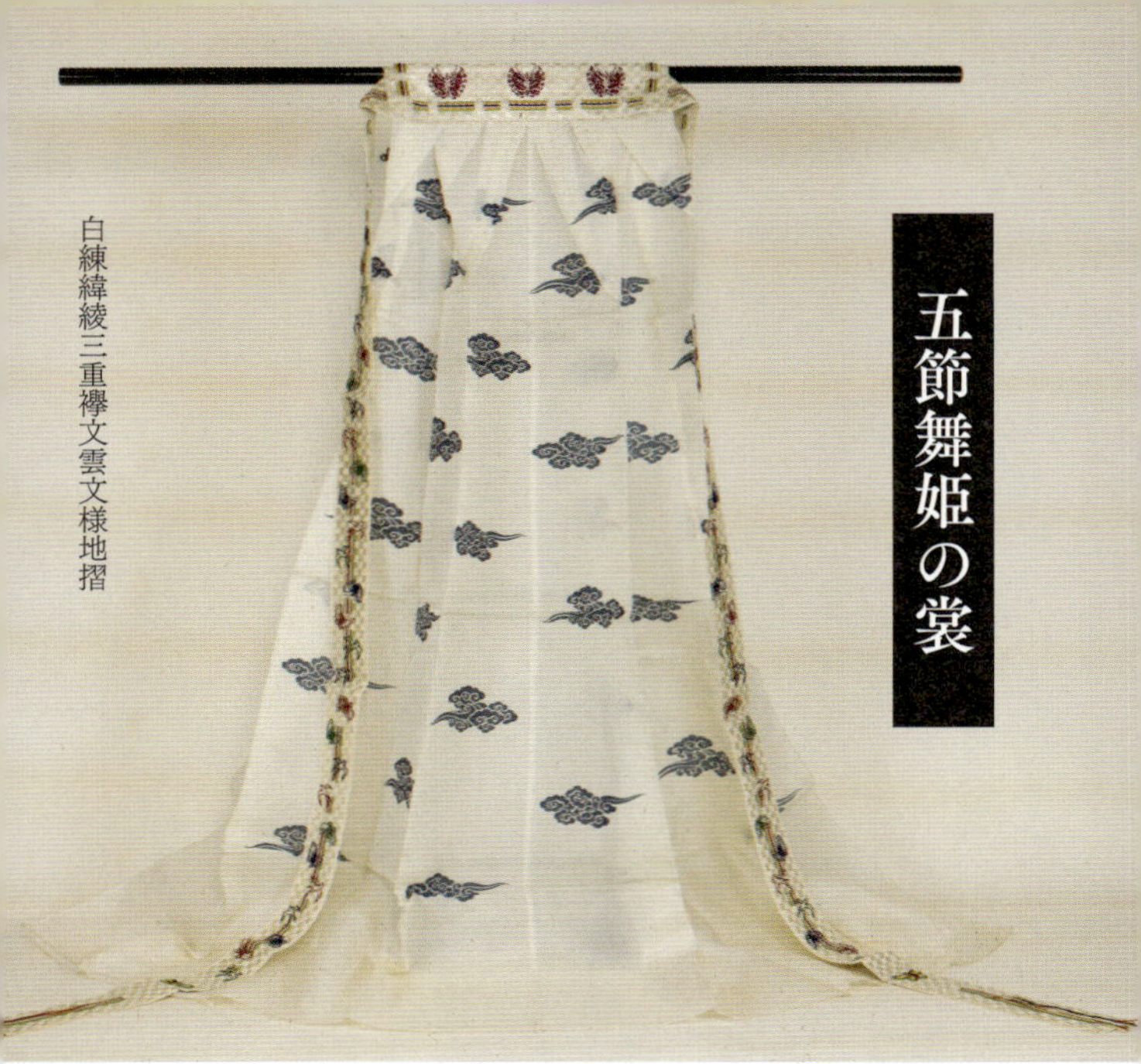

『大礼記録』より
「大腰《おおごし》引腰《ひきごし》。地文霰大腰ハ蝶引腰ハ蝶鳥ノ繍五色絹糸ノ上指アリ。
小腰唐衣同ジ上指アリ」

采女《うねめ》服

大嘗祭において祭事を執行する天皇を補佐する女官が着用します
（画像は平成度のもの）

采女服「画《え》衣《ぎぬ》」

白練緯帛《はく》。金銀ノ雲形、松椿及春草ノ彩色画。裏萌黄平絹
唐衣の下に着る衣
（東京国立博物館蔵）

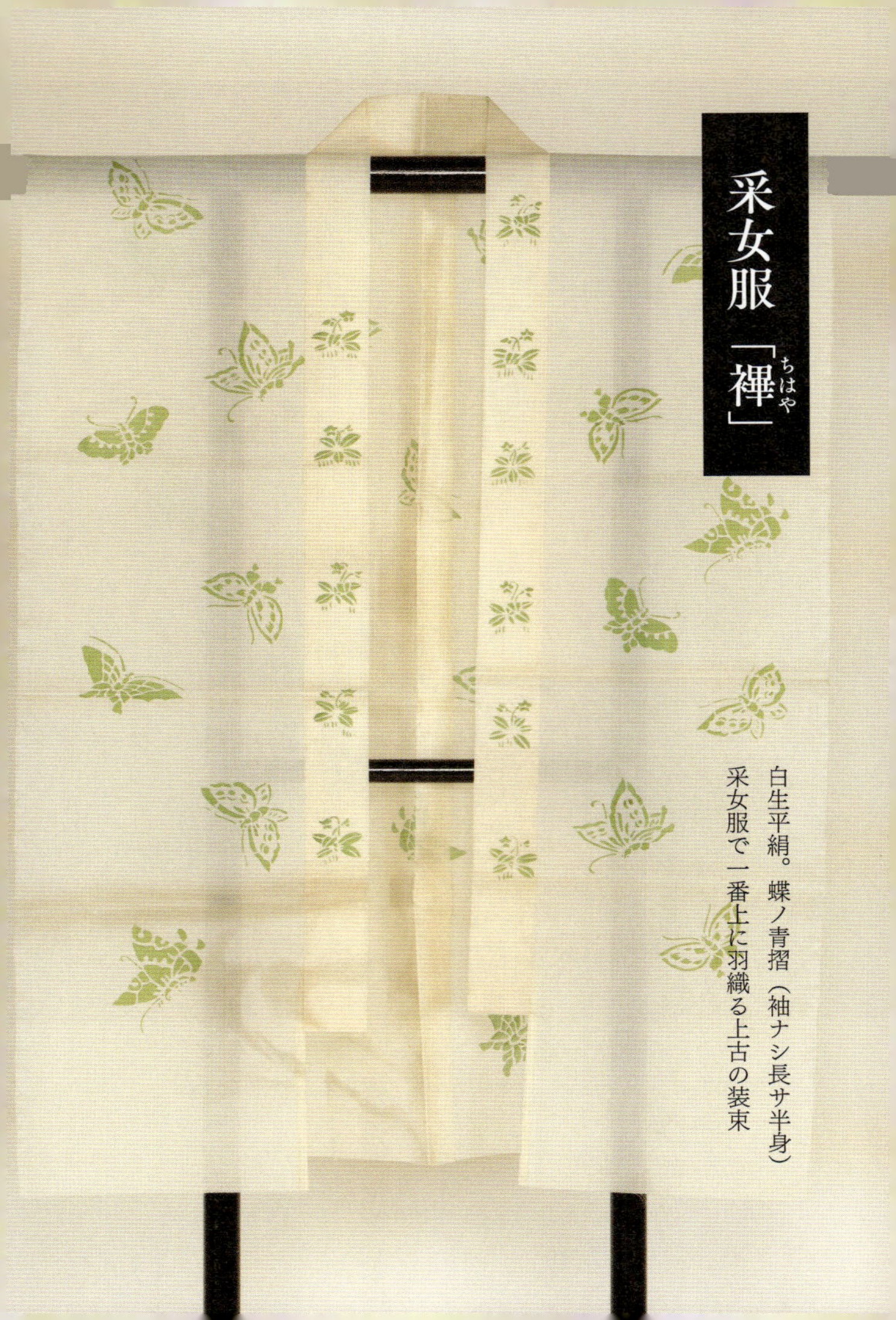

采女服「襅《ちはや》」

白生平絹。蝶ノ青摺（袖ナシ長サ半身）
采女服で一番上に羽織る上古の装束

采女服「襅」の青摺《あおずり》文様

（拡大）蝶と春草（菫《すみれ》）

内掌典《ないしょうてん》の袿

（上）「お頭《かしら》」と呼ばれる奏任官が着る白袿
白綸子《りんず》破雲立涌《やれくもたてわく》並尾長鳥丸比翼文
（下）判任《はんにん》内掌典の着る冬の袿
鳶色《とびいろ》綸子唐花飛鳥文。夏は鶸《ひわ》色（緑）となります

第三章——即位礼と大嘗宮の調度

即位礼と大嘗祭

江戸時代までの神仏習合時代、天皇即位に関して「即位灌頂《かんじょう》」と呼ばれる仏教儀礼がありました。明治になってそうした仏教色が排され、神道に基づく即位礼になります。庭に立ち並べる中国風の幡旗《ばんき》を神道で重んじられる榊《さかき》の樹に換えたのも、そうした意識によるものです。大正の即位礼では『登極令《とうきょくれい》』に基づき、それまでなかった「賢所大前《けんしょおおまえ》の儀」と呼ばれる神事が「正殿の儀」の前に行われるようになりました。

大嘗祭《だいじょうさい》は天皇即位後最初の新嘗祭《しんじょうさい》のことで、このためだけに建てられる「大嘗宮」で、天皇がその年の新穀（稲と粟《あわ》）を神に供えて自らも食べ、五穀豊穣と国土安泰を祈る神事です。大

京都御苑《ぎょえん》・旧仙洞《せんとう》御所に建てられた大正の大嘗宮

嘗祭は古代を想起させる素朴さ・清浄さが大切とされましたので、天皇は「御祭服《おんさいふく》」と呼ばれる白い装束を身につけ、筵道《えんどう》に敷かれた麻布の上を歩んで神殿に向かいました。本来大嘗祭は新嘗祭と同じく「十一月中卯日《なかのうのひ》」に行われるものでしたが、大正度では参列の便も考慮して即位の礼（十一月十日）の直後、十四・十五日に行われました。これら一連の儀式をまとめて「御大礼」と呼びます。

祭事後の十六・十七日、参列者に対して「大《たい》饗《きょう》」の饗膳《きょうぜん》が供され、和食の宴である第一日では古代から伝わる女舞「五節舞《ごせちのまい》」が披露されました。大正の即位礼では舞も装束も新たに考案され、華族の令嬢たちが舞姫となりました。

大正大饗第一日の儀における五節舞

高御座

明治度の即位礼では天皇の御座「高御座《たかみくら》」が焼損していたため、大正度では高御座が新調され、その東横には皇后の御座「御帳台《みちょうだい》」が新設されました。

それらの形式は『登極令』の附式に詳細に記され、高御座内部の装飾は「当日早旦《そうたん》御殿ヲ装飾ス（中略）其《そ》ノ内面ニ御帳、深紫《こきむらさき》色小葵《こあおい》形綾《あや》、裏緋色帛《はく》御帳ノ上層ニ金銅彫鏤《ちょうる》ノ唐草方帽額《もこう》及蛇舌《じゃぜつ》ヲ懸ク。壇上第一層及第二層ニ赤地錦《にしき》ヲ敷ク。第三層ニ青地錦ヲ敷キ其ノ上ニ繧《うん》繝縁《げんべり》畳二枚、大和《やまと》錦縁　竜鬢土敷《りゅうびんつちしき》一枚、大和軟《ぜい》錦毯代《きんたんだい》一枚、東京錦《とうぎょうき》毯代一枚ヲ累敷《かさねしき》シ、御倚《い》子《し》ヲ立テ左右ニ螺鈿《らでん》案各一脚ヲ安《お》ク。継壇ノ下

大正度に新調された高御座

南東西三面ニ両面錦ヲ敷キ其ノ北階ノ下ヨリ後房ニ至ル間筵道ヲ敷ク」とあります。

なお実際には、貞明《ていめい》皇后は第四皇子・崇仁《たかひと》親王を懐妊中でしたので即位礼を欠席されています。

令和度の高御座の御倚子

令和度の高御座の敷物類

高御座第一層・第二層の地敷

赤地錦唐花唐草文

高御座第三層（最上部）の地敷

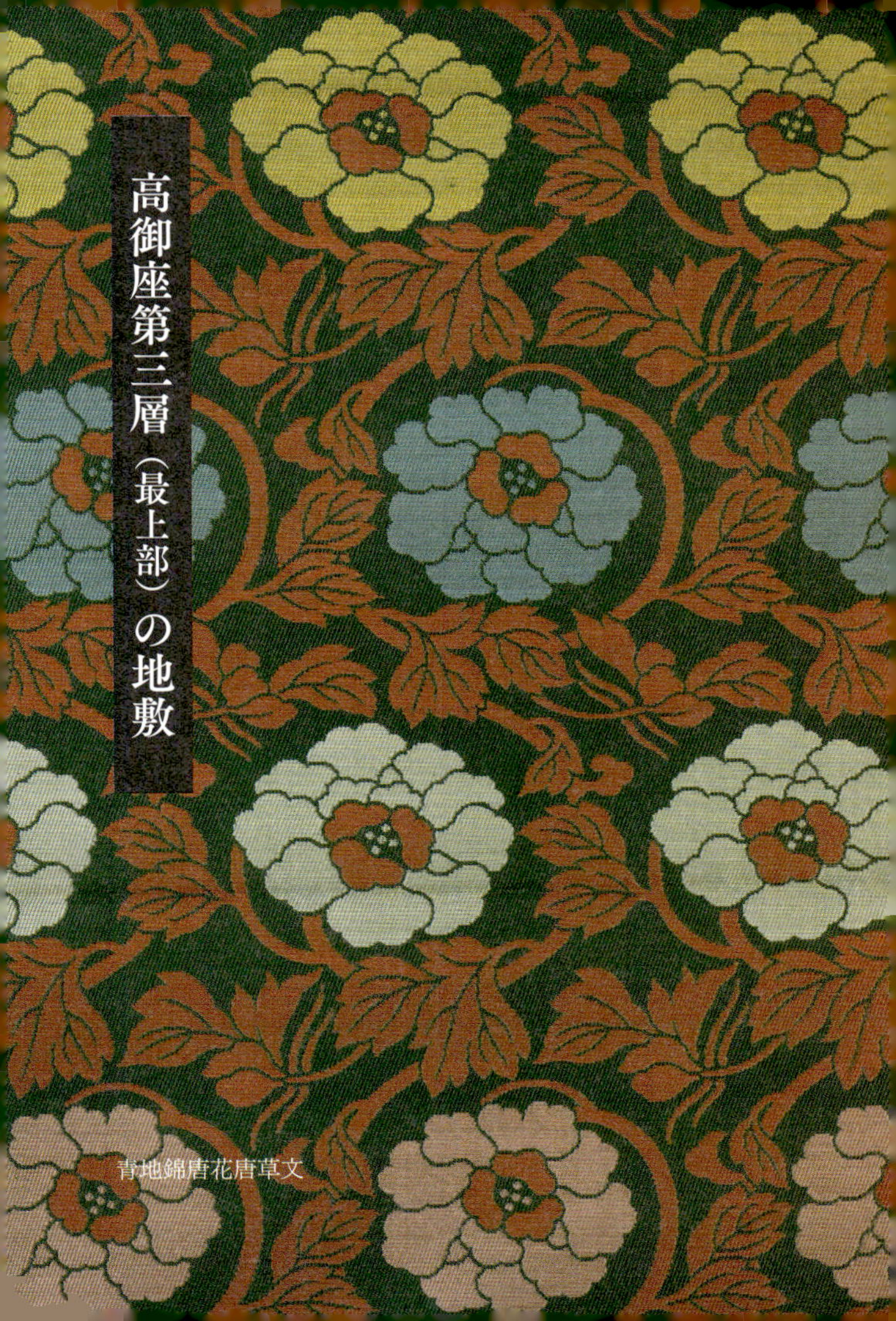

青地錦唐花唐草文

高御座の天蓋内張

大五《ご》窠《か》文錦

高御座畳の縁

繧繝《うんげん》錦
第三層青地錦の上に敷く畳の縁《へり》

龍《りゅう》鬢《びん》土《つち》敷《しき》の縁《へり》

青地唐花文錦
高御座繧繝縁畳の上に敷くござ「龍鬢土敷」の縁です

毯代《たんだい》

大和軟錦《ぜいきん》

龍鬢土敷の上に敷きます

毯代

東《とう》京《ぎょう》錦《ぎ》

大和軟錦の上に敷きます。この上に御倚子を立てます

高御座の御倚子

（上）高御座の御倚子《いし》（令和度）
（下）御倚子の畳縁の繧繝錦

大嘗宮で用いられる御《おん》沓《くつ》内張

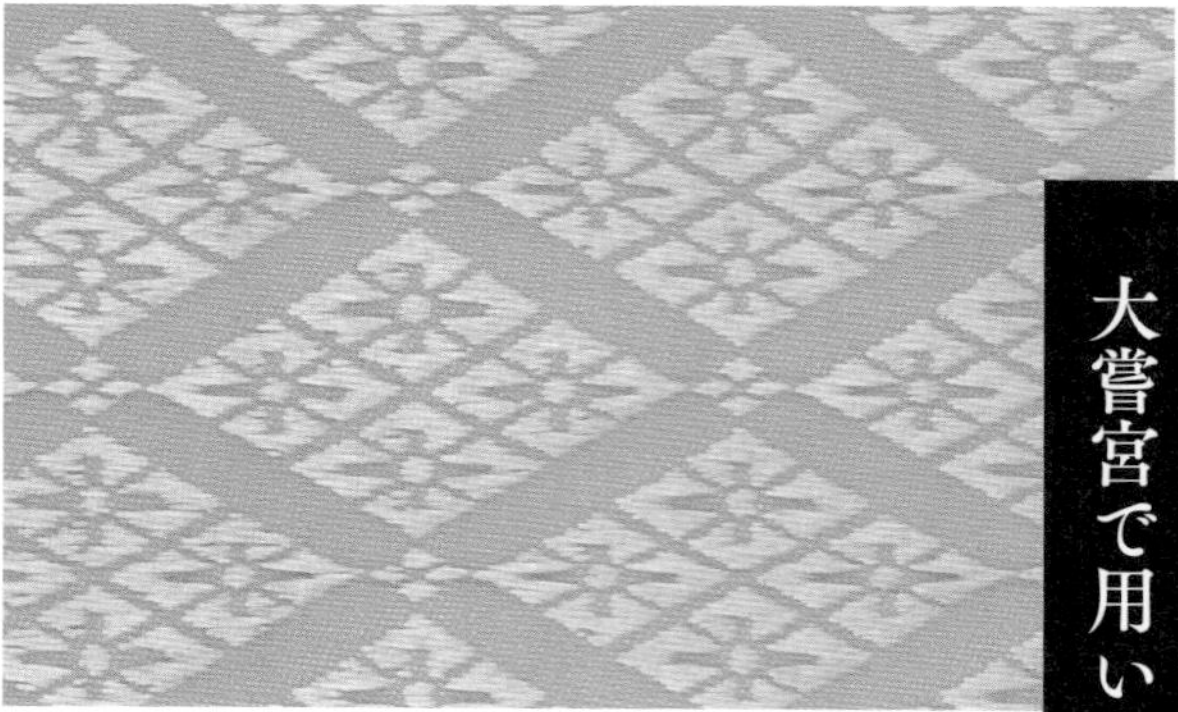

白生絹《しろすずし》綾織唐菱《からびし》文
（上）神用
（下）天皇用

大嘗宮に敷かれる畳縁《たたみべり》

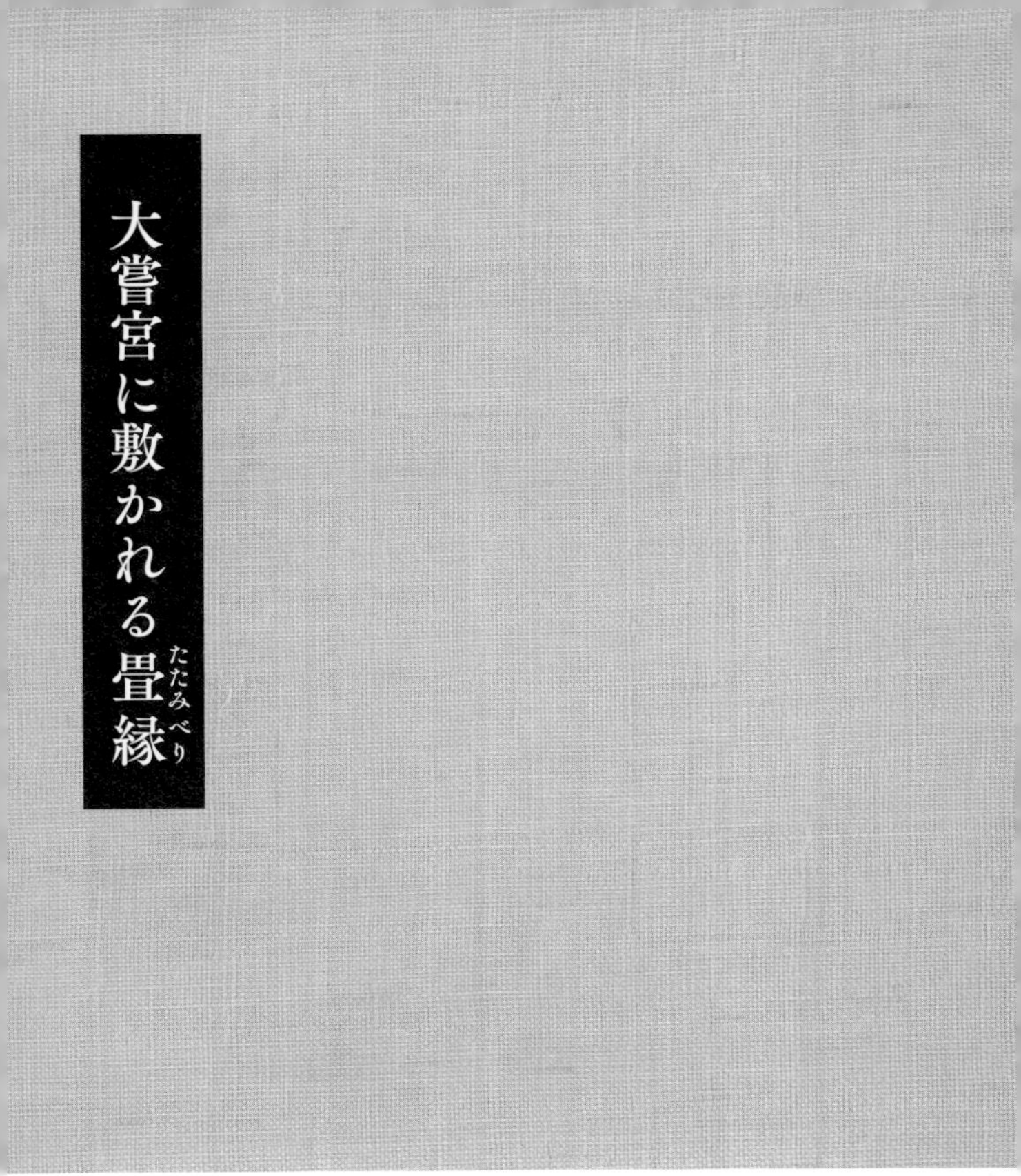

白麻
宮中の神事では絹とともに古代を伝える麻も尊重されました

錦裲襠《うちかけ》

濃蘇芳《こきすおう》糸錦桐唐草《きりからくさ》丸文
衛門の高等官束帯で、袍《ほう》の上に掛ける錦裲襠

衛《え》門《もん》役《やく》装束

巻纓冠《けんえいのかんむり》　緌《おいかけ》・縹固地綾《はなだかたじあや》無文闕腋袍《けってきほう》
表袴《うえのはかま》は白練緯《ねりぬき》固地綾無文、緋無文綾の脛《はば》巾《き》を足に巻き、白太絹編糸鞋《しかい》を履きます
(画像は平成度のもの)

大嘗宮御玉《おんたま》緒《お》台《だい》上《うえ》畳《たたみ》縁《へり》

赤錦小葵文
京都御所御常《おつね》御殿剣璽《けんじ》の間の畳縁（293ページ）に類似します

第四章——皇族の婚儀

皇族の婚儀

明治以前、「世襲親王家」と呼ばれる宮家が四家（伏見宮《ふしみのみや》・桂宮《かつらのみや》・有栖川宮《ありすがわのみや》・閑院宮《かんいんのみや》）あり、これはいざというときに皇統を保つという意味合いがありました。

幕末に皇室を守る皇族を増やすべく、仏門に入っていた伏見宮家の皇子たちが還《げん》俗《ぞく》し宮号を立てて独立。分家の宮家が設立されるなどを経て、皇族の数は増えました。明治天皇の男子は大正天皇だけだったため、皇統を保つ目的で明治二十二年（一八八九）施行の旧『皇室典範』により、その当時存在した宮家は「永世皇族」とされました。その後、大正天皇は四人の男子に恵まれたため皇族の臣籍降下の規定が定められ、嗣子のいない宮家の断絶も規定されたので宮家の数には増減があり、戦後皇籍離脱した当時、十一の宮家が存在していました。

皇族の結婚は自由ではなく勅許が必要とされました。旧『皇室典範』には「皇族ノ婚嫁ハ同族又ハ勅旨ニ由リ特ニ認許セラレタル華族ニ限ル」、また大正七年（一九一八）の『皇室典範増補』に「皇族女子ハ王族又ハ公族ニ嫁スルコトヲ得」という定めがありましたので、皇族の結婚相手は皇公族や華族に限られました。

皇室・皇族御紋章

梨木宮御紋章

菊花御紋章

各宮家共通御紋章

朝香宮家御紋章

伏見宮家御紋章

秩父宮家御紋章

東久邇宮家御紋章

山階宮家御紋章

高松宮家御紋章

北白川宮家御紋章

賀陽宮家御紋章

閑院宮家御紋章

竹田宮家御紋章

久邇宮家御紋章

東伏見宮家御紋章

秩父宮《ちちぶのみや》雍仁《やすひと》親王妃勢津子《せつこ》

旧会津《あいづ》藩主・松平《まつだいら》容保《かたもり》の六男、松平恒雄《つねお》の長女。叔父《おじ》・松平保男《やすお》子爵の養女

昭和三年（一九二八）九月二十八日結婚

勢津子妃の唐衣

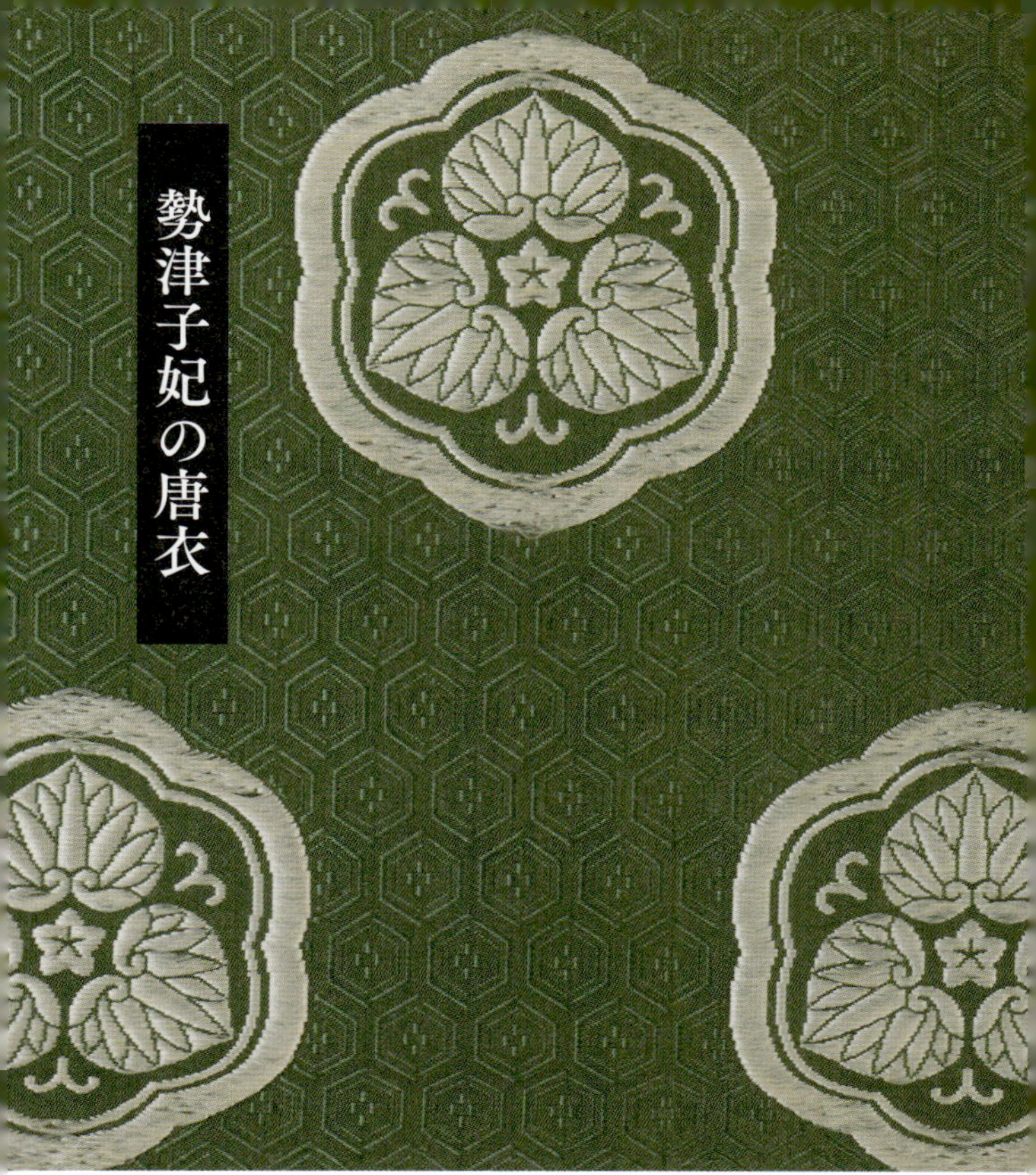

萌黄《もえぎ》生浮織亀甲《きっこう》地白窠《かの》中《なかに》三《み》ツ葵《あおい》文二重織

勢津子妃は会津藩主・松平容保の孫に当たり、それにちなむ上文です。この結婚は「公武合体」と世間を賑わせました

勢津子妃の唐衣裏地

萌黄固《かた》地《じ》綾《あや》小《こ》菱《びし》文二重織
昭和になり板引《いたびき》加工は廃止されました

勢津子妃の表着

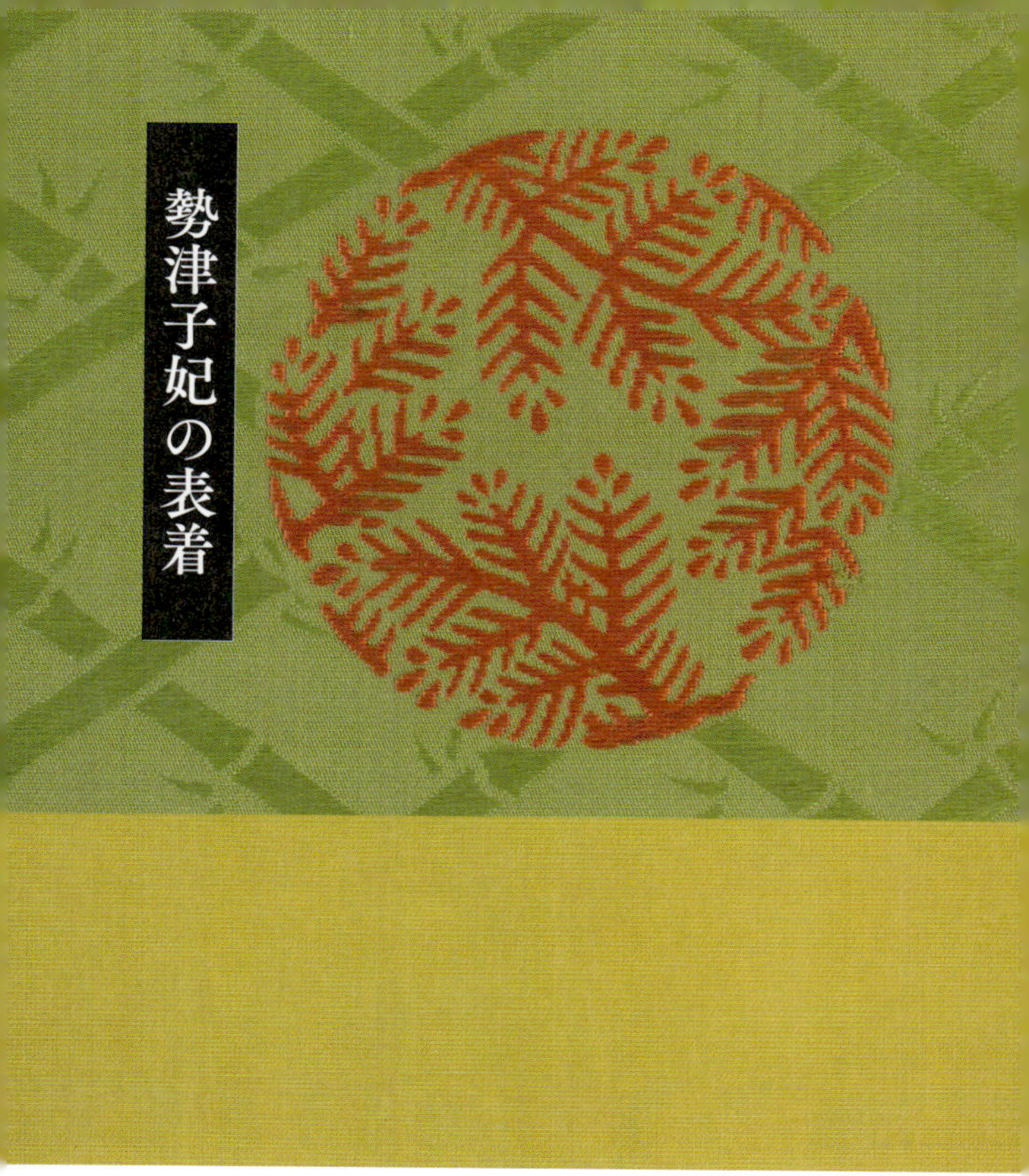

萌黄色生浮織竹襷《たけだすき》地薄紅松丸文二重織
婚儀が夏季であったため生絹を用います
裏地は黄生平絹《へいけん》

勢津子妃の打衣

濃色生無地綾

勢津子妃の五衣

（五領とも）
紅梅生綾雲立涌《くもたてわく》文
裏地は薄紅梅生平絹

勢津子妃の単・長袴

（上）濃生綾幸菱《さいわいびし》文
（下）濃精好《せいごう》裏同

白綾三《み》重《え》襷《だすき》文上絵桐竹鳳凰《きりたけほうおう》
（これは冬物なので勢津子妃のものではありません）

女子皇族共通の裳

秩父宮雍仁親王妃勢津子の五衣唐衣裳の重ね一式

勢津子妃の夏の小袿

赤浮織菊葉唐草文

勢津子妃の嫁入り装束の一つ

勢津子妃の夏の小袿の重ね一式
中陪《なかべ》は萌黄生平絹、裏地は紫生平絹

（上）勢津子妃の単　濃生綾幸菱文
（下）勢津子妃の長袴　濃精好裏同

勢津子妃の夏の袿

顯文紗《けんもんしゃ》藤文様地に萌黄破《やれ》小《こ》葵《あおい》並《ならびに》
紅尾長鳥丸比翼文縫取織

高松宮《たかまつのみや》宣仁《のぶひと》親王妃喜久子《きくこ》
徳川慶久《とくがわよしひさ》公爵の次女
昭和五年（一九三〇）二月四日結婚

喜久子妃の唐衣

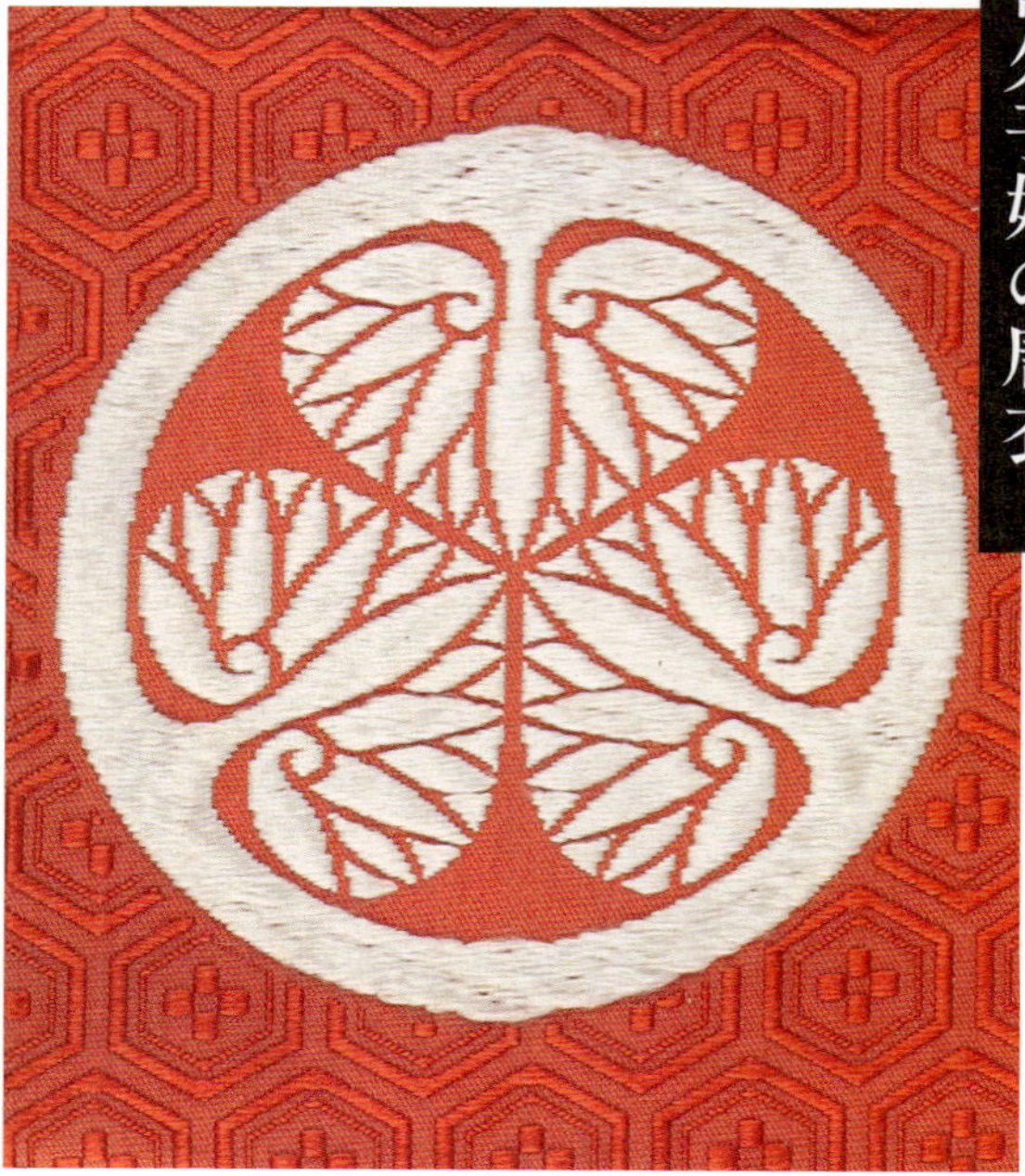

紅梅浮織亀甲地白丸に三ツ葵文
喜久子妃は徳川慶喜《よしのぶ》の孫に当たり、まさに徳川家の家紋そのものを上文にしています

喜久子妃の表着

萌黄浮織入子菱《いれこびし》地薄紅牡丹《ぼたん》丸文二重織
裏地は萌黄平絹

喜久子妃の打衣

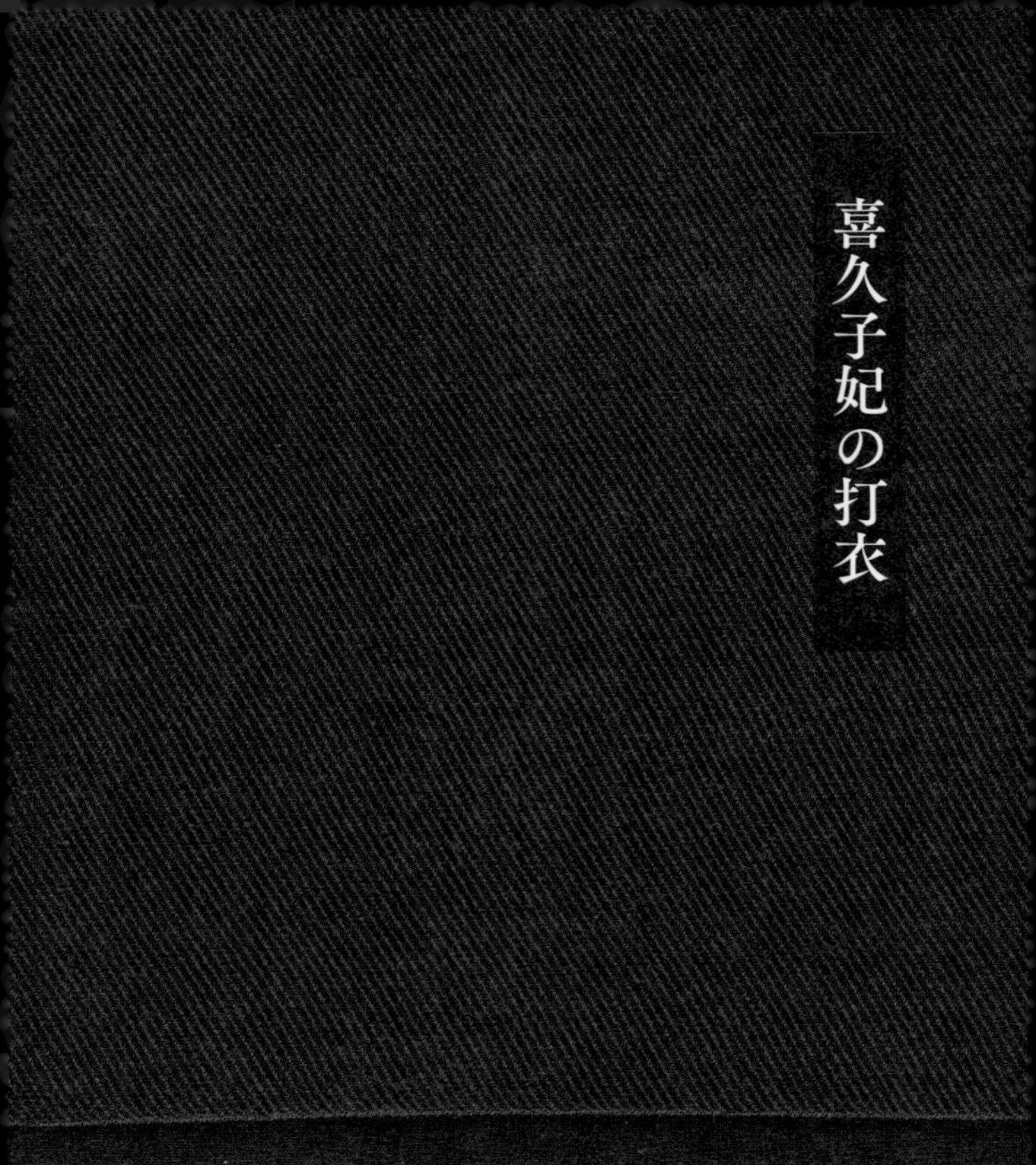

濃固地綾無文
裏地は濃平絹

喜久子妃の五衣

白固地綾雲立涌文

裏地は紅平絹

喜久子妃の単・長袴

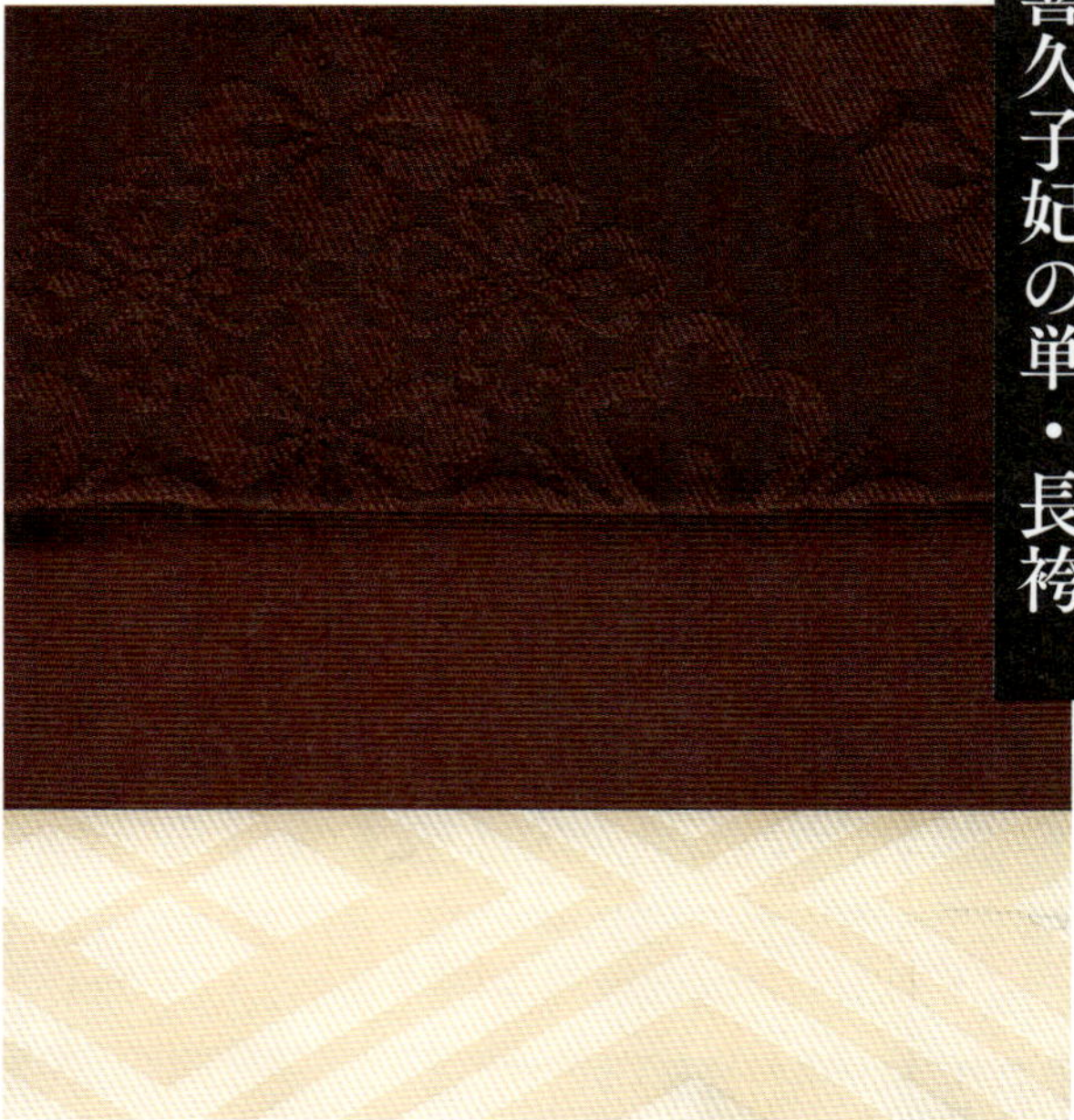

（上）喜久子妃の単
濃綾幸菱文
（中）喜久子妃の長袴
濃精好裏同
（下）喜久子妃の裳

高松宮宣仁親王妃喜久子の五衣唐衣裳の重ね一式

賀陽宮《かやのみや》恒憲《つねのり》王妃敏子《としこ》
九《く》条《じょう》道実《みちざね》公爵の五女
大正十年（一九二一）五月三日結婚

敏子妃の唐衣

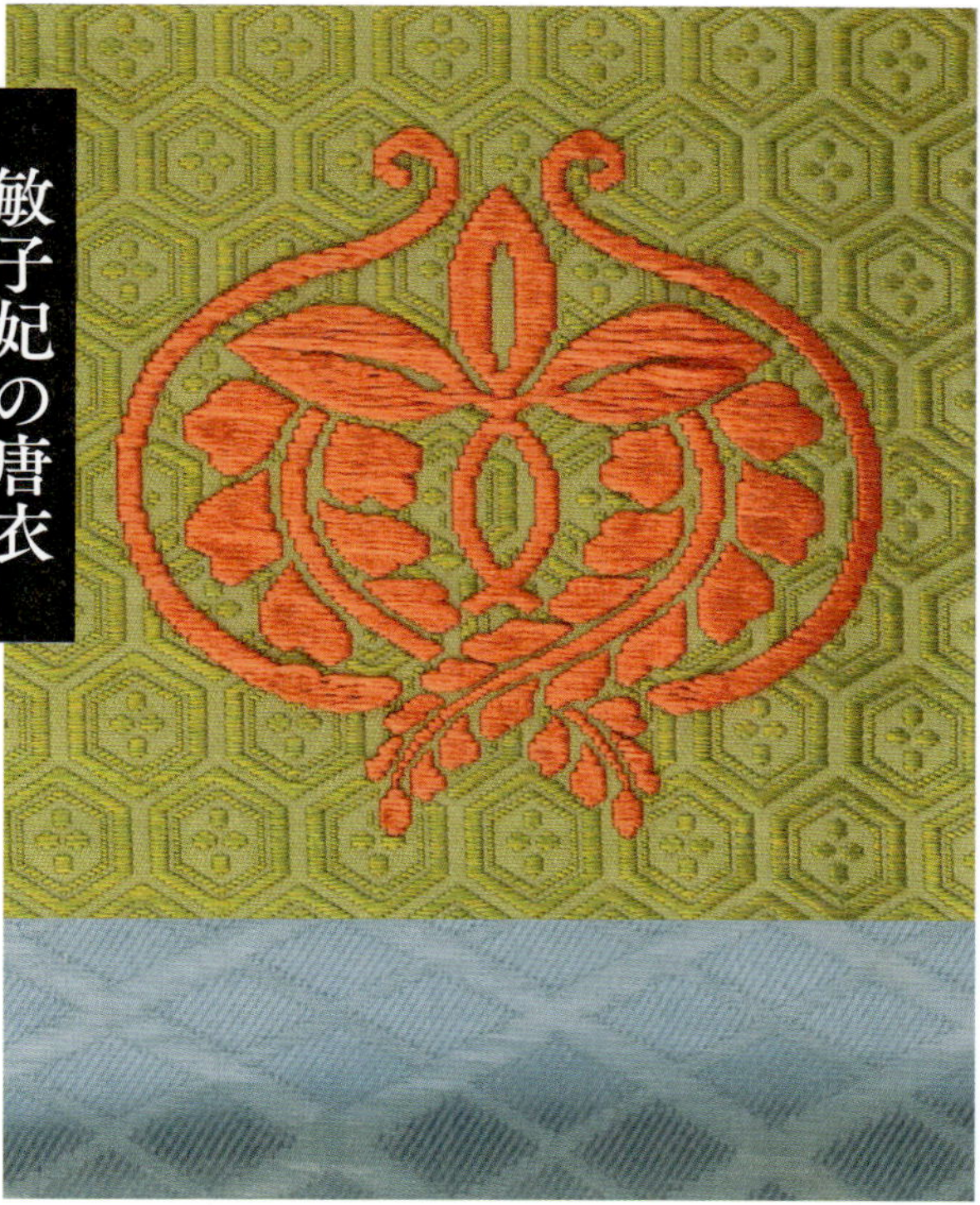

萌黄浮織亀甲地紅藤丸文二重織
裏地は薄縹《うすはなだ》固地綾小菱文
敏子妃は摂家・九条家の出身のため、九条藤とも呼ばれる家紋をモチーフにした上文です

敏子妃の表着

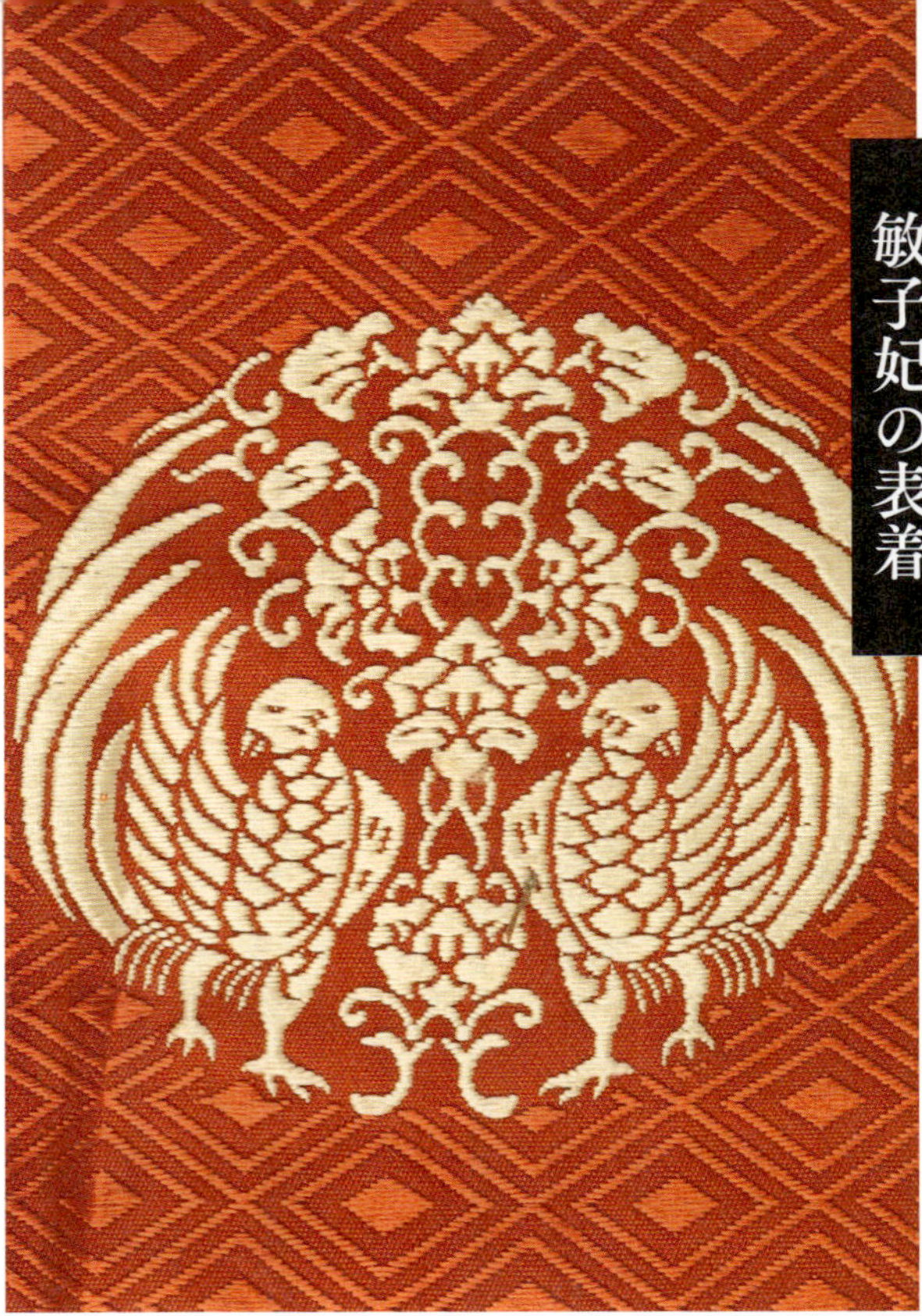

紅浮織入子菱地白尾長鳥唐花文二重織
裏地は薄紅平絹

敏子妃の打衣

濃固地綾無文
裏地は濃平絹

敏子妃の五衣

（五領とも同じ）
白固地綾藤立涌文
裏地は紅平絹

賀陽宮恒憲王妃敏子の五衣唐衣裳の重ね一式

竹田宮《たけだのみや》恒徳《つねよし》王妃光子《みつこ》
三条《さんじょう》 公輝《きんてる》公爵の次女

昭和九年（一九三四）五月十二日結婚

光子妃の唐衣

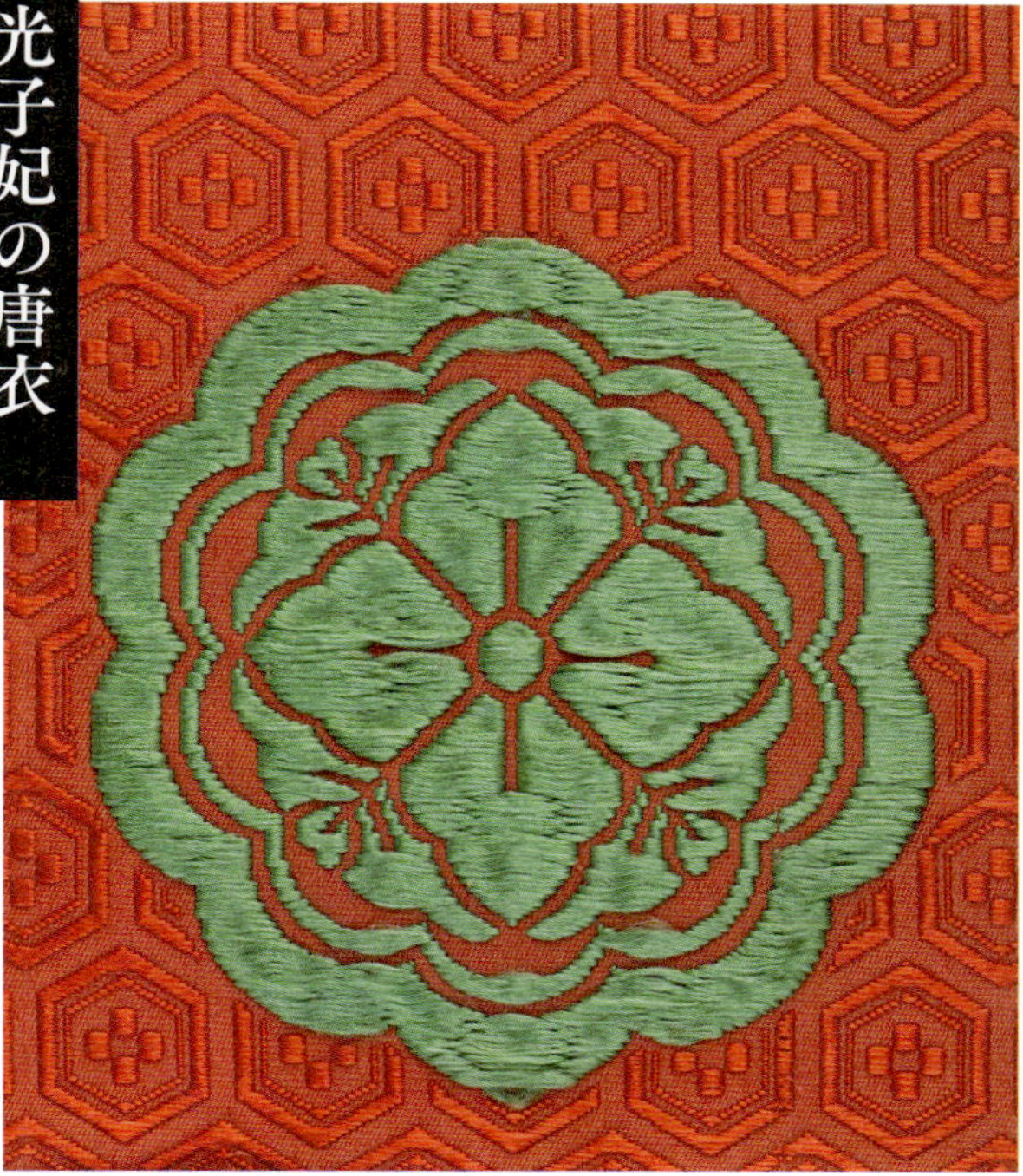

紅梅浮織亀甲地萌黄窠中唐花文二重織

裏地は薄紅梅固地綾小菱文

光子妃は三条実美《さねとみ》の孫に当たり、三条唐花とも呼ばれる三条家の家紋を窠の中に描いた上文です

光子妃の表着

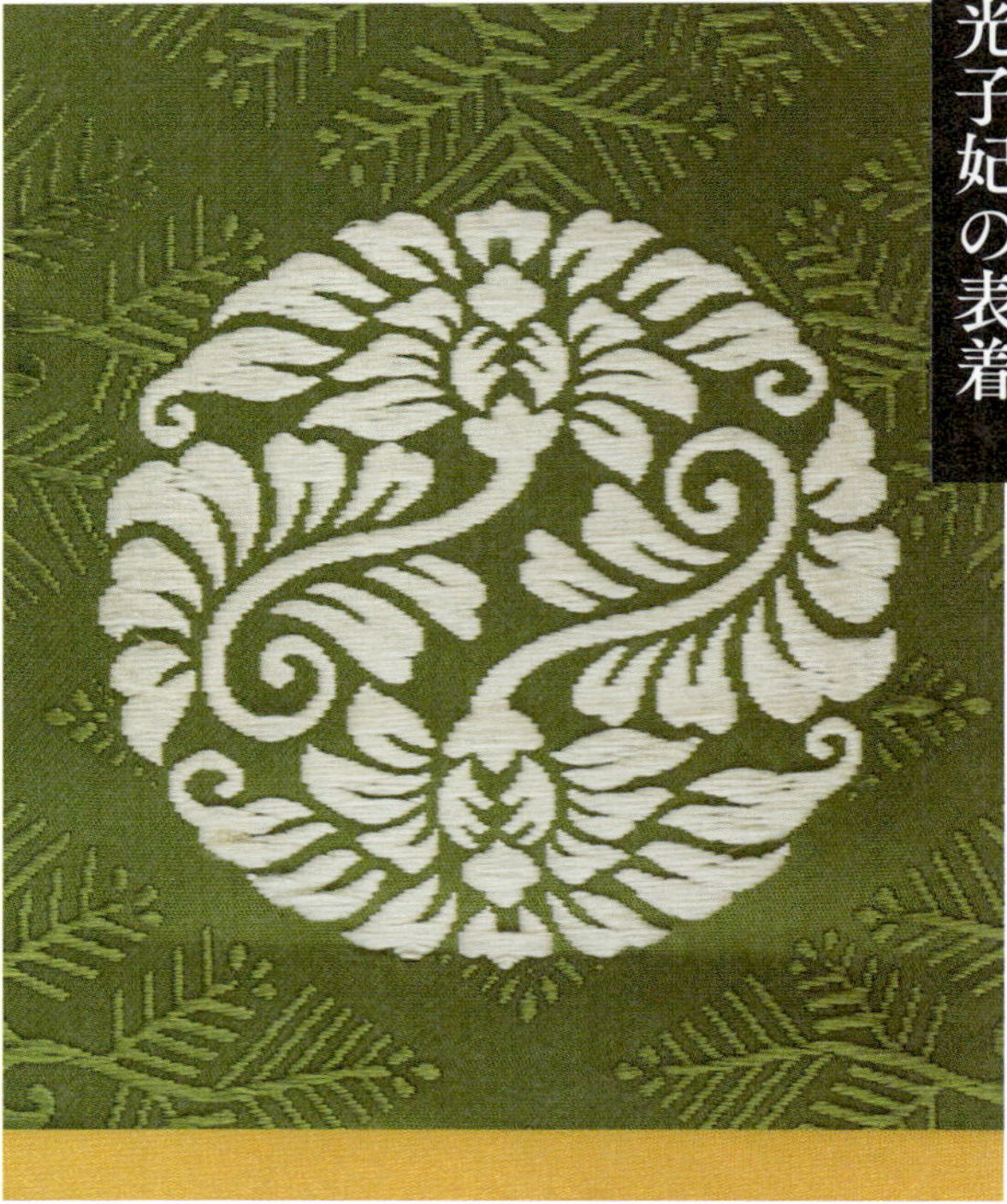

萌黄浮織松菱地白向《むかい》唐花《からはな》文二重織
裏地は黄平絹

光子妃の打衣

濃固地綾無文
裏地は濃平絹

光子妃の五衣

白固地綾轡《くつわ》唐草文
裏地は紅梅《こうばい》匂《におい》平絹

竹田宮恒徳王妃光子の五衣唐衣裳の重ね一式

光子妃の小袿

紅梅浮織藤立涌地白四ツ割菊文二重織

光子妃の嫁入り装束の一つ

北白川《きたしらかわ》宮《のみや》永久《ながひさ》王妃祥子《さちこ》
徳川義恕《よしくみ》男爵の次女
昭和十年（一九三五）四月二十六日結婚

祥子妃の唐衣

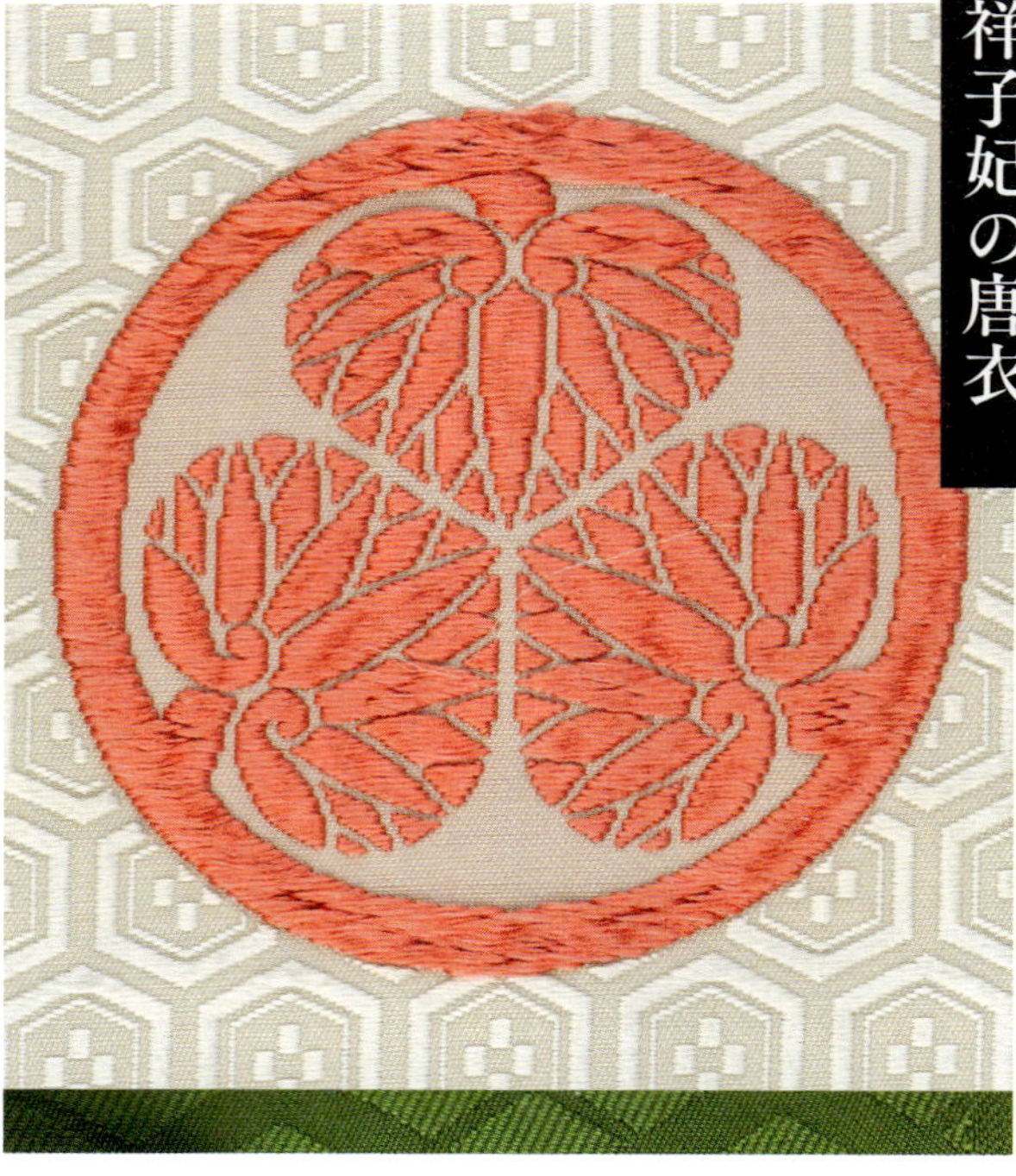

白浮織亀甲地薄紅丸に三ツ葵文
裏地は萌黄固地綾小菱文
祥子妃は旧尾張藩主・徳川慶勝《よしかつ》の孫に当たり、徳川家の家紋を上文にしています

祥子妃の表着

経蘇芳緯薄萌木綾松唐草地白雲文二重織
裏地は黄平絹

祥子妃の打衣

濃固地綾無文
裏地は濃平絹

祥子妃の五衣

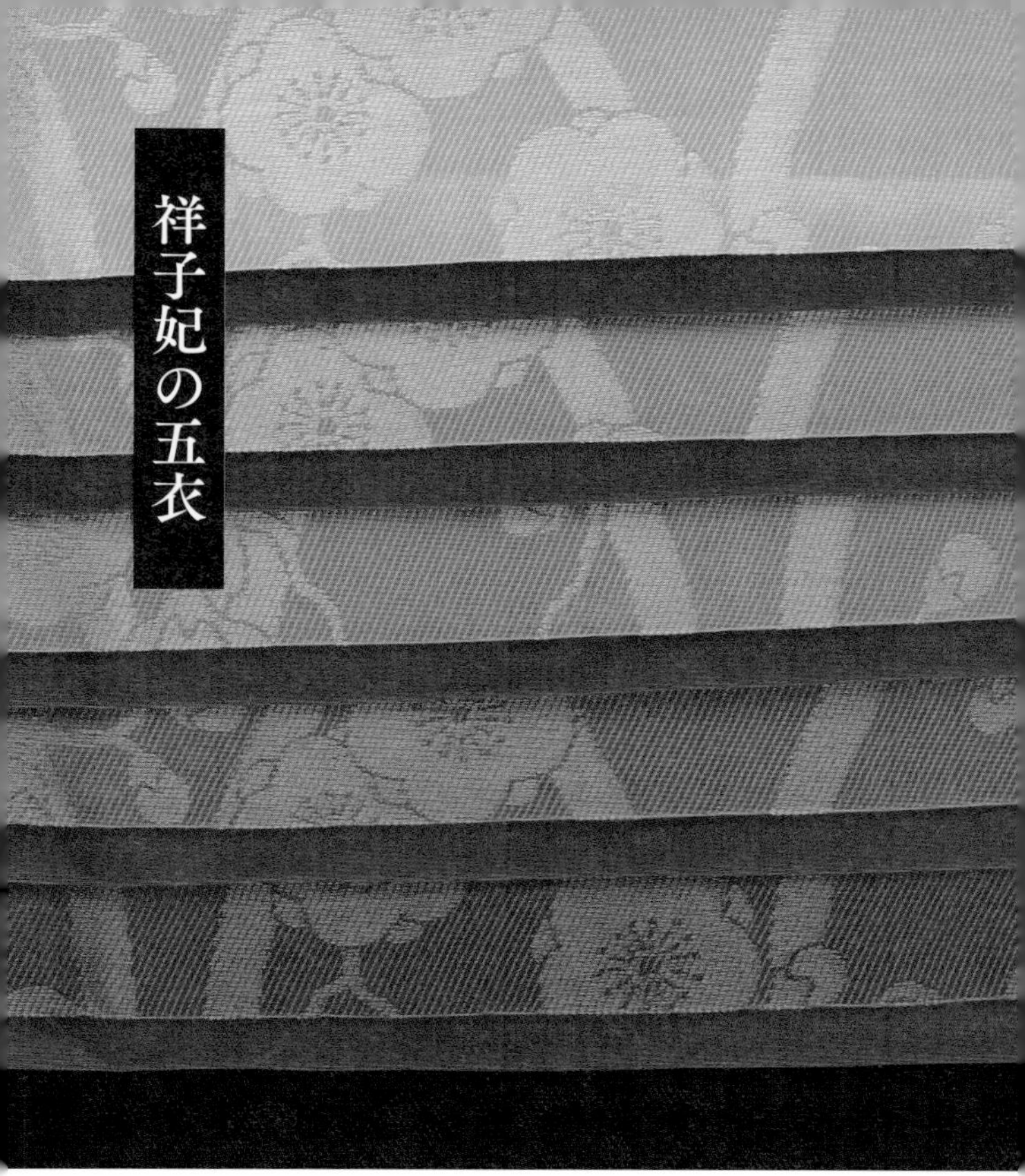

紅梅匂固地綾梅立涌文
裏地は紅平絹

北白川宮永久王妃祥子の五衣唐衣裳の重ね一式

朝香宮《あさかのみや》孚彦《たかひこ》王妃千賀子《ちかこ》
藤堂高紹《とうどうたかつぐ》伯爵の五女
昭和十三年（一九三八）十二月十六日結婚

千賀子妃の唐衣

紅梅浮織亀甲地白窠中唐花文二重織
裏地は薄紅梅固地綾小菱文

千賀子妃の表着

萌黄浮織網地蘇芳菖蒲《あやめ》丸文二重織
裏地は萌黄平絹

千賀子妃の打衣

濃固地綾無文

裏地は濃平絹

千賀子妃の五衣

山吹色固地綾藻立涌文
裏地は紅匂平絹

朝香宮孚彦王妃千賀子の五衣唐衣裳の重ね一式

第五章

さまざまな装束・調度の裂地

さまざまな装束

大正の即位礼において、はじめて女子の正装「五衣唐衣裳《いつつぎぬからぎぬも》」、いわゆる十二単《じゅうにひとえ》の形式が規定されました。大正の即位礼における五衣唐衣裳は、平安時代から変容を続けた装束が江戸時代後期の「御再興」により復古した形式を用いています。ただし立礼で長時間儀式を行うことから重量軽減のため、五衣《いつつぎぬ》は襟と袖《そで》、裾《すそ》のみ五枚重ねとする「比翼仕立《ひよくじたて》」の工夫が考案され、これは昭和・平成・令和と受け継がれています。

明治十七年（一八八四）、高等女官や高等官夫人の宮中服として『袿袴《けいこ》ノ制』が内達されました。この規則では、礼服（唐織《からおり》）・通常礼服（繻珍《しゅちん》・緞子《どんす》等の先染織物）・通常服（緞子・平絹《へいけん》等）の三種に分かれ、礼服は宮中席次第三階（高等官二等・男爵・従四位・勲三等）以上の者および同夫人が新年拝賀・即位大礼・皇太子結婚の礼・紀元節・皇后誕生日などに着用し、袿《うちぎ》の下に単《ひとえ》を着て檜扇《ひおうぎ》を持ちます。宮中席次第四階以下、第十階（高等官九等・従八位・勲八等）までの者および同夫人の袿袴は通常服のみで、単を略し、扇は中啓《ちゅうけい》よりも細い「ぼんぼり」を用いました。大正四年（一九一五）には『宮中ニ参入スル者ノ袿袴ノ制』が制定され、礼服と通常服のみが規定されました。

唐衣の生地

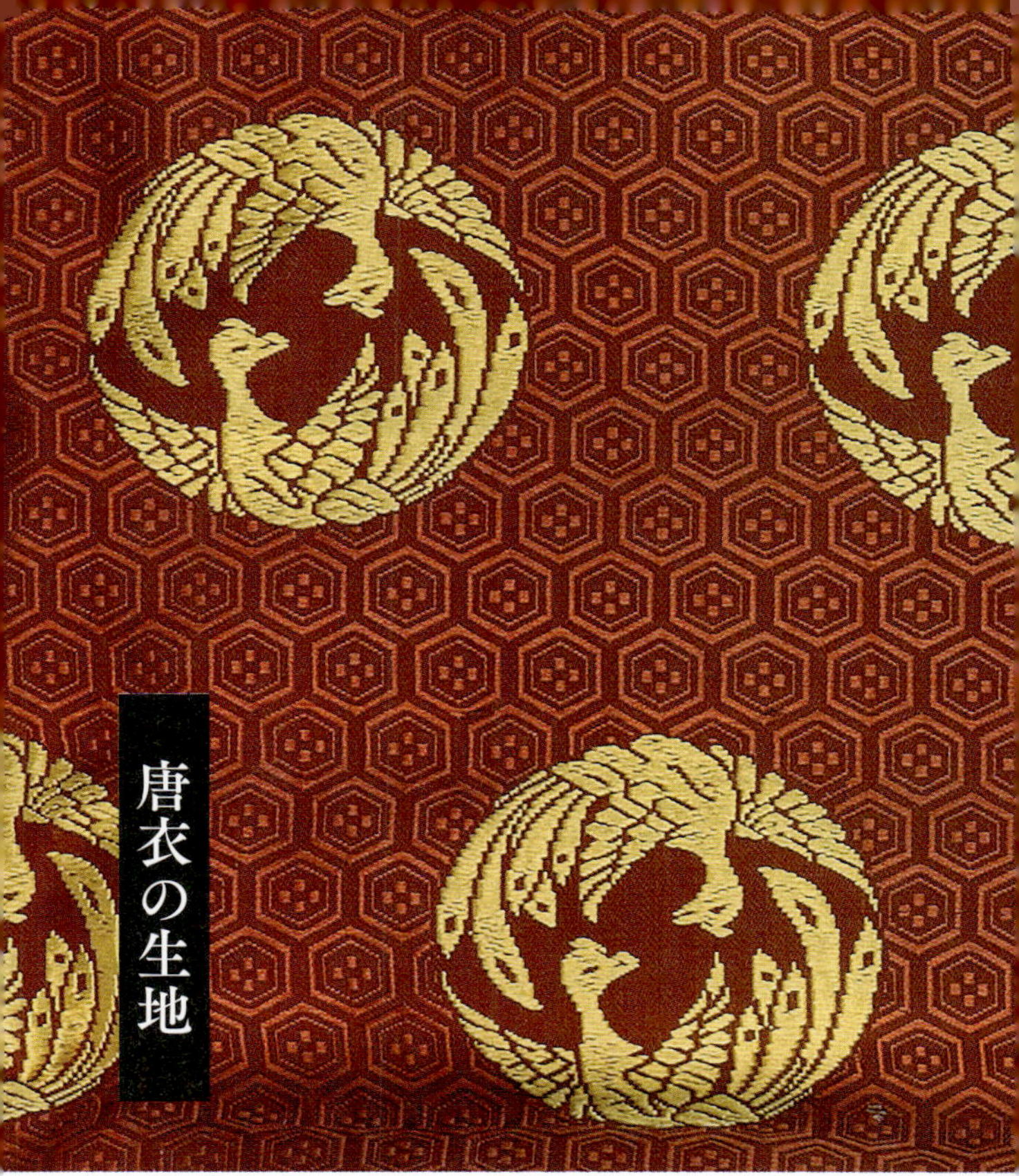

蘇芳《すおう》浮織亀甲《きつこう》地黄向尾長鳥丸文二重織
着用者不明

五衣唐衣裳一式

着用者不明
大正・昭和前期の華族の婚礼では、皇室・皇族に倣って五衣唐衣裳を着用する例がありました

裳の桐竹《きりたけ》文様の青摺《あおずり》

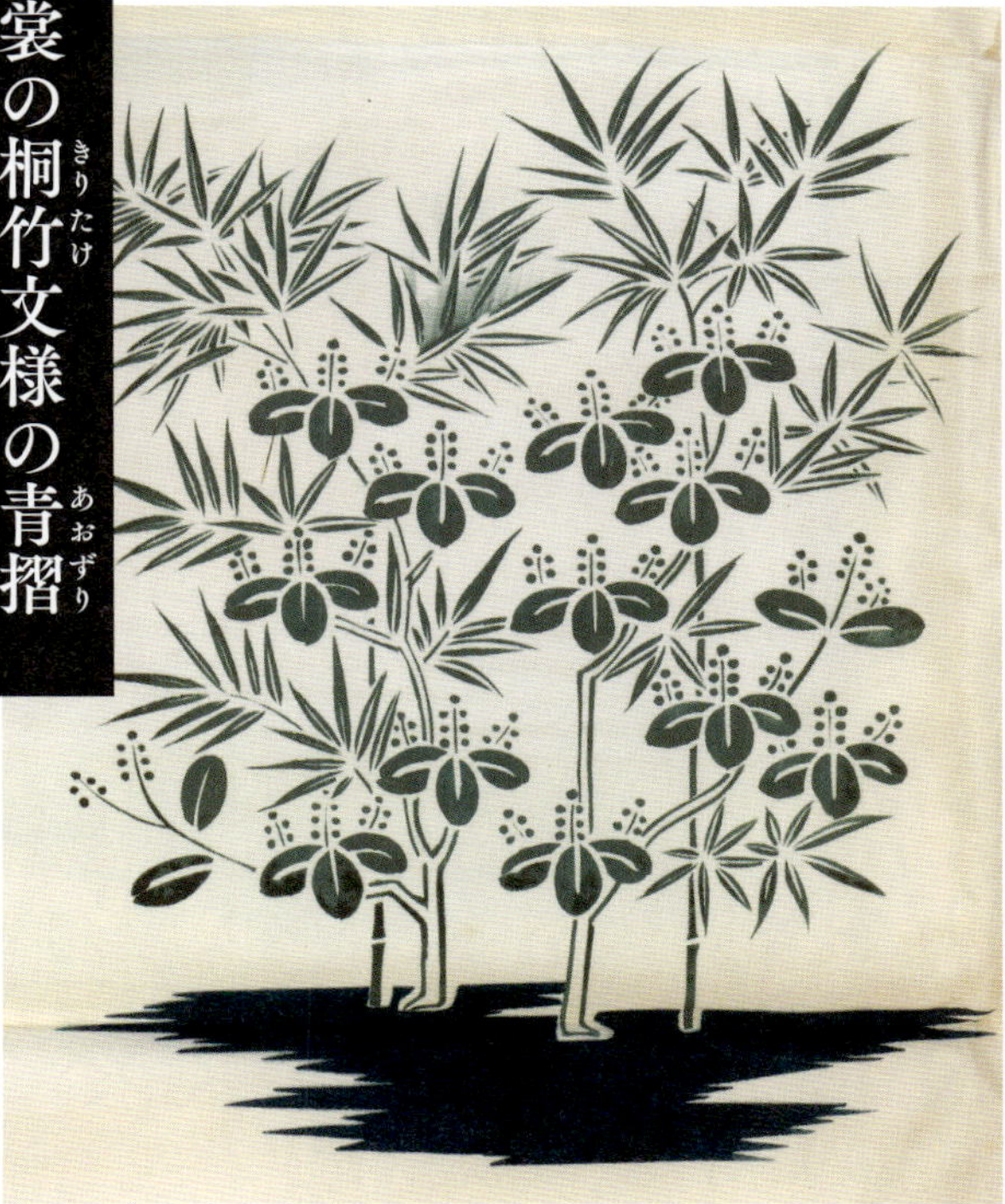

250ページの五衣唐衣裳の裳

唐衣の生地

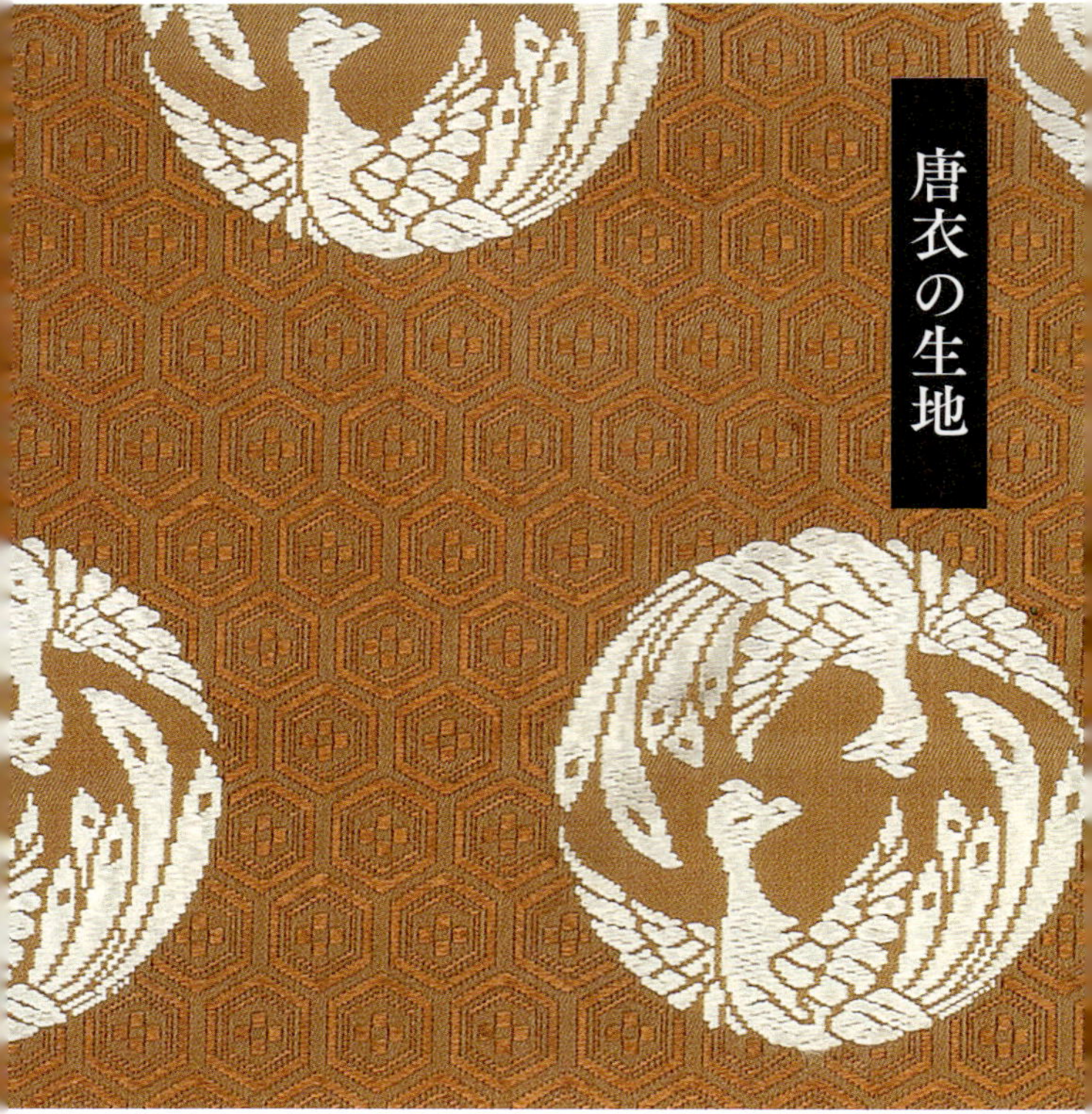

朽葉浮織亀甲地白向尾長鳥丸文二重織
着用者不明

五衣唐衣裳 一式

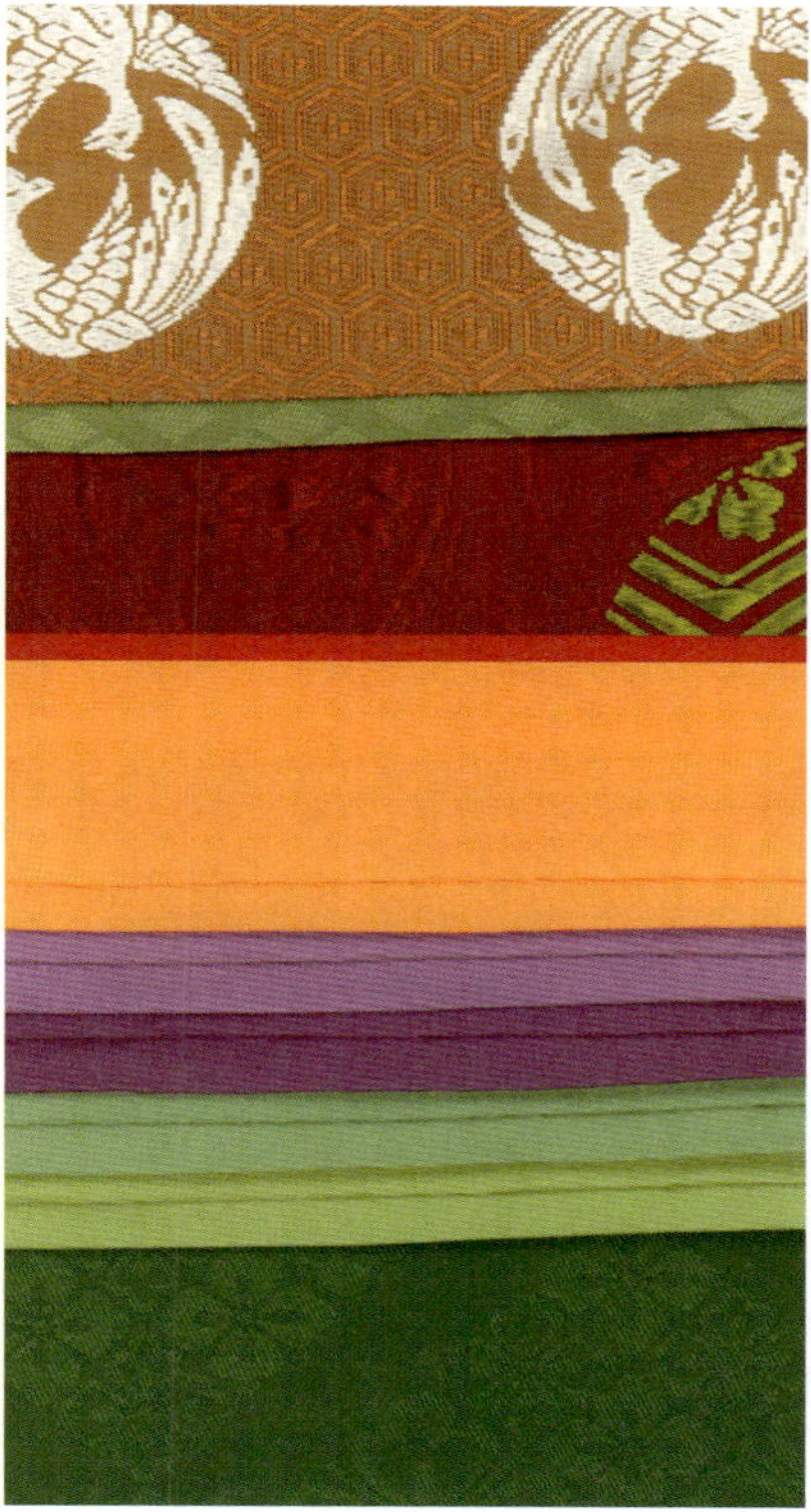

着用者不明

袿袴

朽葉固《かた》地《じ》綾《あや》桜立涌《たてわく》文
着用者不明。小袿には「中陪《なかべ》」（表地と裏地の中間に付ける生地）があり、袿には中陪を付けないともされますが、中陪付きの袿の例も数多く見られます

袿袴

松重《まつがさね》 固地綾八重桜立涌文

着用者不明

夏御袿

白紗地《しゃじ》橙《だいだい》破《やれ》亀甲《きつこう》　並《ならびに》　唐花比翼文単重袿。夏物で紗地を重ねたもの。伝昭憲《しょうけん》皇太后御料

白紗地橙破亀甲並唐花比翼文
二つの意匠を組み合わせた「比翼文《ひよくもん》」はカジュアルなものとして、小袿ではなく袿に多用されました

夏御袿

白紗地二藍《ふたあい》唐花菱並尾長鳥丸唐花比翼文単袿
夏物。伝昭憲皇太后御料

白紗地二藍唐花菱並《ならびに》尾長鳥丸唐花比翼文
鳳凰《ほうおう》と尾長鳥は区別が難しいところですが、尾羽根に鋸歯《きょし》が見られない場合は尾長鳥とすることが多いようです

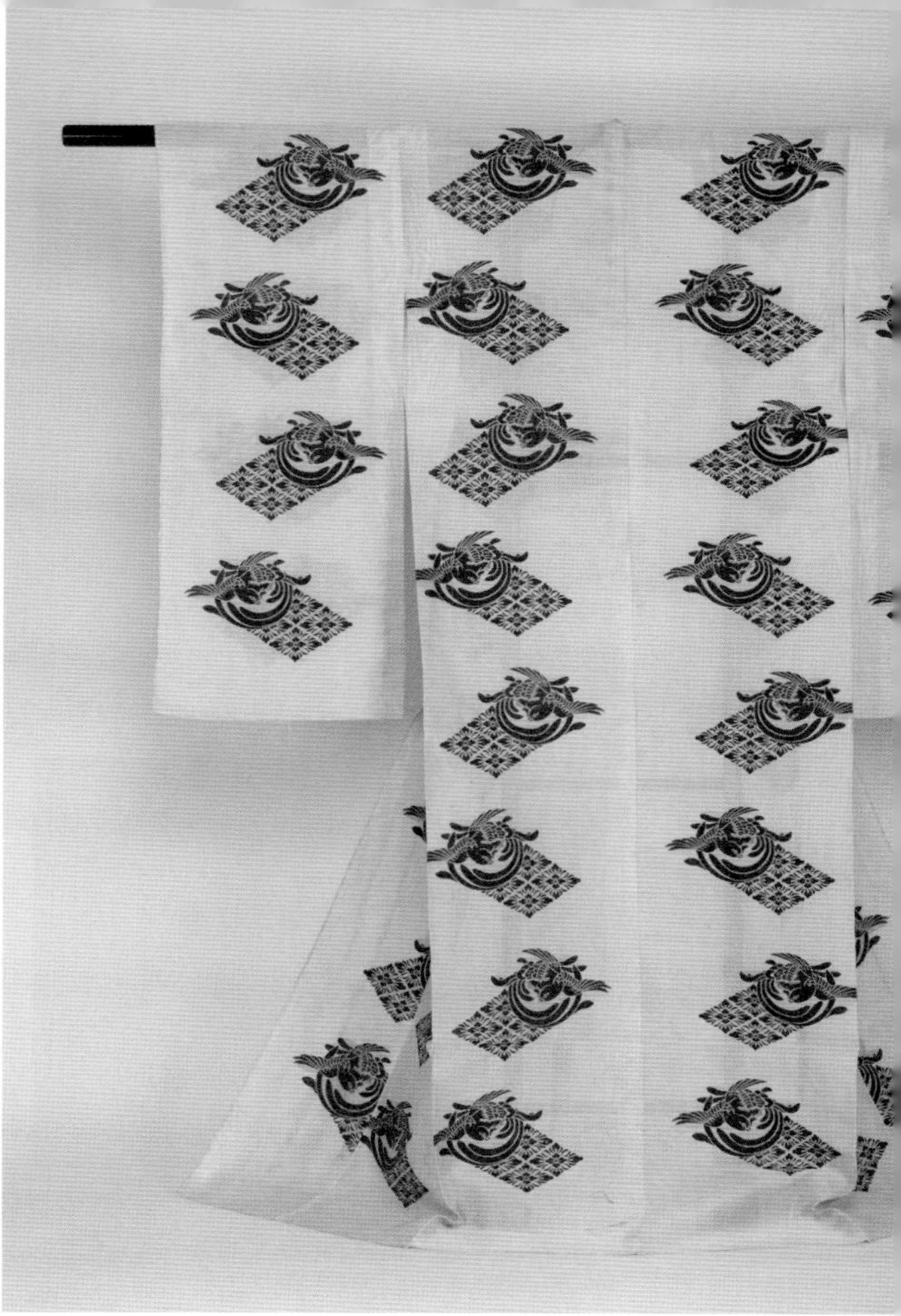

袿

紫綸子《りんず》三重襷《みえだすき》地尾長鳥丸並　臥蝶丸《ふせちょうのまる》
比翼文袿
裏地は浅黄平絹。明治時代の女官が
奥向きで着用した袿です

中陪はなく、「通常服」として宮中勤務で着用された袿と推測されます

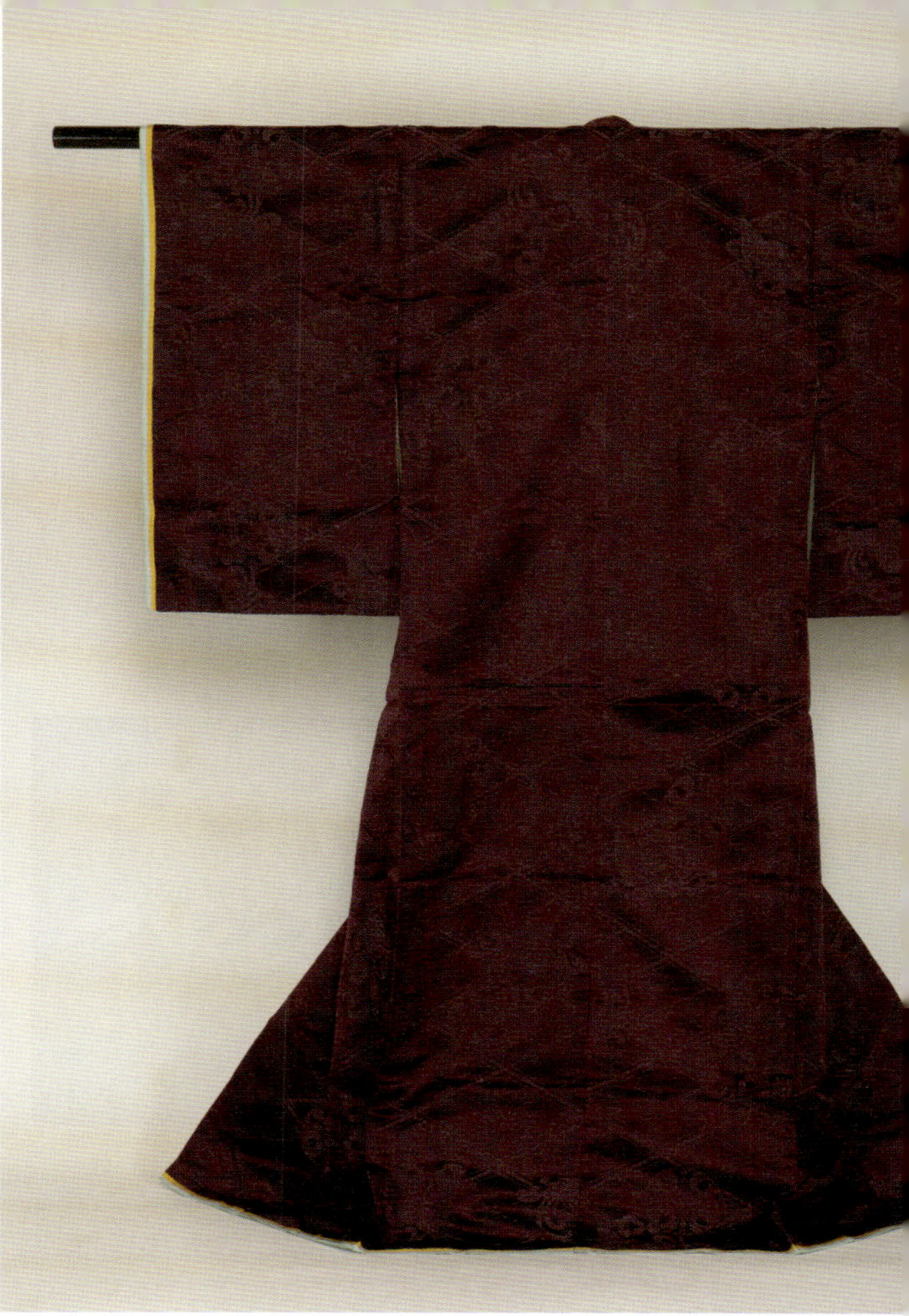

袿

大正即位礼に参列した国会議員夫人が着用した袿。紅の単が縫い合わせられています

赤色浮織雲立涌地八藤菱並尾長鳥丸比翼文二重織
大正即位礼参列者着用袿では、同様の意匠が数多く見られます

袿

三井《みつい》男爵夫人着用の袿。中陪は黄平絹、裏地は紅平絹。薄浅葱《うすあさぎ》の単が縫い合わせられています

紫浮織梅立涌地尾長鳥丸並三井桐比翼文二重織
三井桐は三井家の女紋です

小袖

明治天皇第六皇女・昌子《まさこ》内親王の夏の絽《ろ》の小袖。昌子内親王は明治四十一年（一九〇八）、竹《たけ》田宮恒久《だのみやつねひさ》王妃となりました

全面に金駒刺繡《きんこまししゅう》破雲立涌に白鸚鵡《おうむ》丸比翼文（上）をはじめ、菊・撫子《なでしこ》・合歓《ねむ》の刺繡（下・左）が施されています

明治天皇皇女方の唐衣

麹塵《きくじん》浮織亀甲地紅龍胆《りんどう》丸二重織

明治天皇第六皇女・常宮《つねのみや》昌子内親王
表着《うわぎ》として梅花折枝《おりえだ》文の小袿（271ページ）を着用しているように見えます

紅《べに》浮《うき》織《おり》散《ちり》梅《ばい》花《か》地《じ》梅《ばい》花《か》折《おり》枝《えだ》文《もん》二《ふた》重《え》織《おり》

この意匠は江戸時代からたびたび用いられました

紅浮織散梅花地梅花折枝文二重織小袿

皇女・皇族妃たちが着用しました
（京都国立博物館蔵）

さまざまな裂地

戦前の高田装束店は、宮中の仕事をする宮内省御用達《ごようたし》であるとともに、神社関係を統括する内務省の御用達調進所でもありましたので、さまざまな神社に納める装束・生地を調進していました。その中でも特に重要であったのが、伊勢《いせ》の神宮で二十年に一度行われる「式年遷宮」の御神宝装束の調製。式年遷宮では御神殿だけでなく、御神宝類もすべて新しく調進されるのです。

明治二十二年（一八八九）の遷宮は旧御寮織物司での製織が事実上不可能な状態の中、二年前から東京に織物工場を建てて用意した高田装束店が調進を行いました。このあとの遷宮に際しても高田装束店が御神宝・供奉《ぐぶ》員の装束を調進。大正十五年（一九二六）には東京織工場に於いて文羅製織に成功し、また月読宮《つきよみのみや》御神宝「青夾纈《きょうけち》綿衣」（板締染）も再現して昭和四年（一九二九）の式年遷宮に納めました。

高田茂氏の子息・義男氏は古典的有職《ゆうそく》織物を深く研究し、帝室博物館の委嘱を受けて鶴岡八幡宮《つるがおかはちまんぐう》・熊野《くまの》速玉《はやたま》大社・熱田《あつた》神宮などの御神宝古装束生地の再現も行うなど、この世界に大きく貢献しました。

皇太子の直衣の指貫

紫浮織窠《か》に霰《あられ》文
表袴《うえのはかま》と同様の意匠です

高齢皇族の指貫

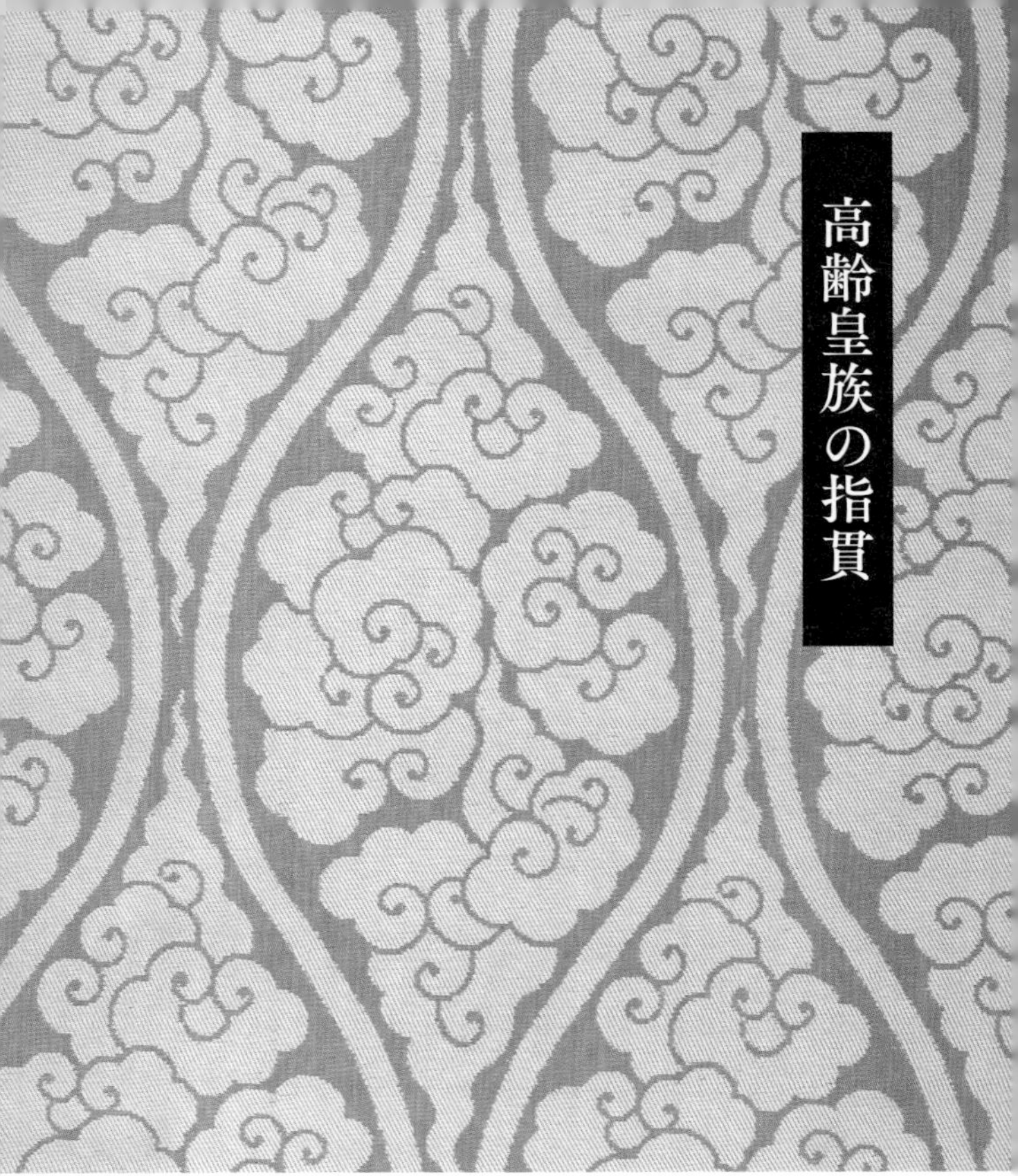

縹《はなだ》固地綾雲立涌文

加齢に従い色味を減らすのが平安時代以来の故実でした

前張大口《まえはりのおおくち》

白大精好《せいごう》
子ども服である「半尻《はんじり》」着用時に用いる「前張大口」の生地。伏見宮家所用

朽《くち》葉《ば》固《かた》地《じ》綾《あや》白《しろ》鸚《おう》鵡《む》丸《まる》文《もん》

鸚鵡は古代から日本に輸入され、その文様は高貴なものとされましたが、やがて日本風に変容して鴛鴦《おしどり》のようになり、鴛鴦《えんおう》丸とも呼ばれます。小袿用と思われますが用途不明

濃萌黄《こきもえぎ》練《ねり》薄《うす》撫子《なでしこ》襷《たすき》文《もん》

夏の狩衣《かりぎぬ》に用いられた生地。同様の意匠は江戸時代の五衣にも見られます

縹《はなだ》固《かた》地《じ》綾《あや》波《なみ》繋《つなぎ》地《じ》白《しろ》向《むかい》尾《お》長《なが》鳥《どり》文《もん》

狩衣用と思われますが用途不明

袴下帯

女子装束で小袖を束ねる帯。紅綾に破雲《やれくも》立涌《たてわく》と尾長鳥の金箔《きんぱく》押しをしています

紅《べに》固《かた》地《じ》綾《あや》小《こ》葵《あおい》文《もん》

皇族が束帯で、単と下襲《したがさね》の間に着た「衵《あこめ》」の生地

衵の裏地
紅固地綾小葵文板引

萌《もえ》黄《ぎ》綾《あや》地《じ》綾《あや》向《むかい》蝶《ちょう》菱《びし》文《もん》

鶴岡八幡宮御神宝の袿の裏地に
見られる生地

白《しろ》固《かた》地《じ》綾《あや》小《こ》菱《びし》文《もん》

小菱文の綾地は唐衣の裏地に用いられました。板引されています

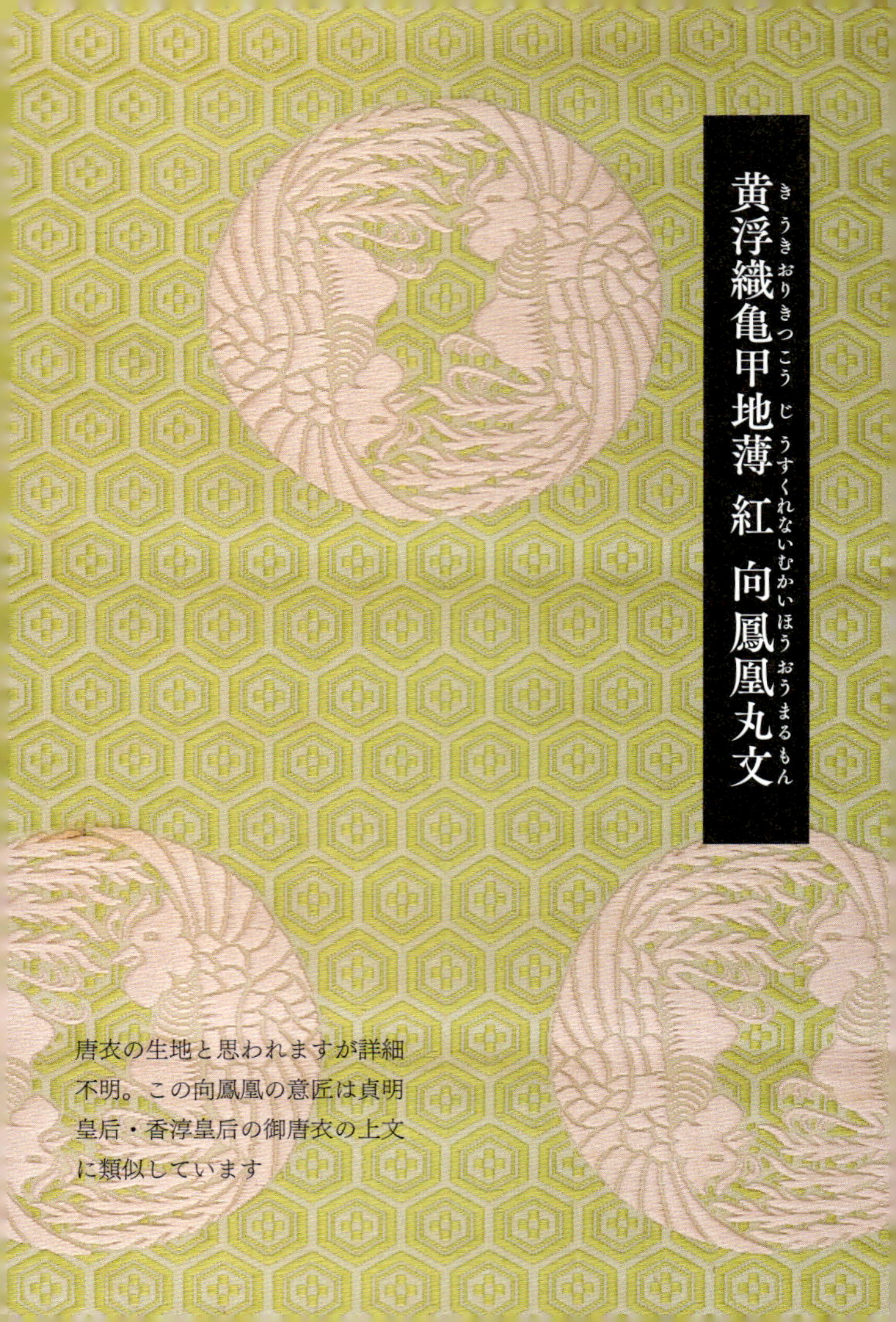

黄《き》浮織《うきおり》亀甲《きっこう》地《じ》薄紅《うすくれない》　向《むかい》鳳凰《ほうおう》丸《まる》文《もん》

唐衣の生地と思われますが詳細
不明。この向鳳凰の意匠は貞明
皇后・香淳皇后の御唐衣の上文
に類似しています

松《まつ》重《がさね》固《かた》地《じ》綾《あや》菊《きくの》折《おり》枝《えだ》文《もん》

この意匠は江戸時代に清華家《せいがけ》の一つである広幡《ひろはた》家の異文に用いられました

緋綾《ひのあや》唐花《からはな》小葵《こあおい》文《もん》

伊勢の豊受大神宮《とようけだいじんぐう》別宮 土 宮《つちのみや》御装束「緋御衣」に見られます

青色《あおいろ》綾唐花小葵文

この意匠の綾は「小文紺綾御衣」
など伊勢の神宮でさまざまな用
途に用いられています

紅《こう》梅《ばい》浮《うき》織《おり》雲《くも》立《たて》涌《わく》地《じ》白《しろ》割《わり》裏《うら》菊《ぎく》文《もん》二《ふた》重《え》織《おり》

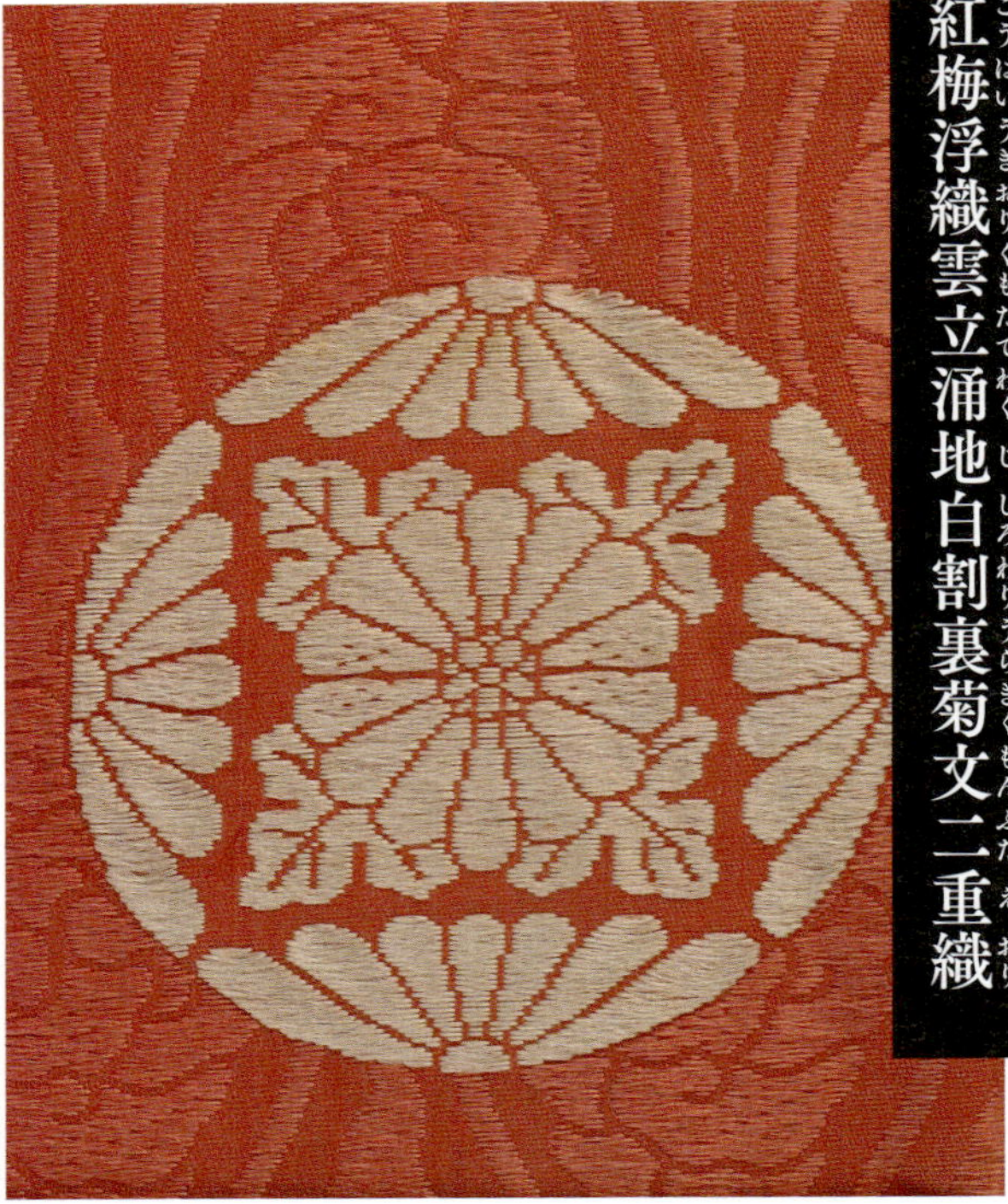

伏見宮《ふしみのみや》家で用いられた小袿の生地。菊花の中央に萼《がく》が描かれる「裏菊文」は宮家が用いました

赤《あか》色《いろ》浮《うき》織《おり》白《しろ》抱《だき》葉《は》裏《うら》菊《ぎく》文《もん》二《ふた》重《え》織《おり》

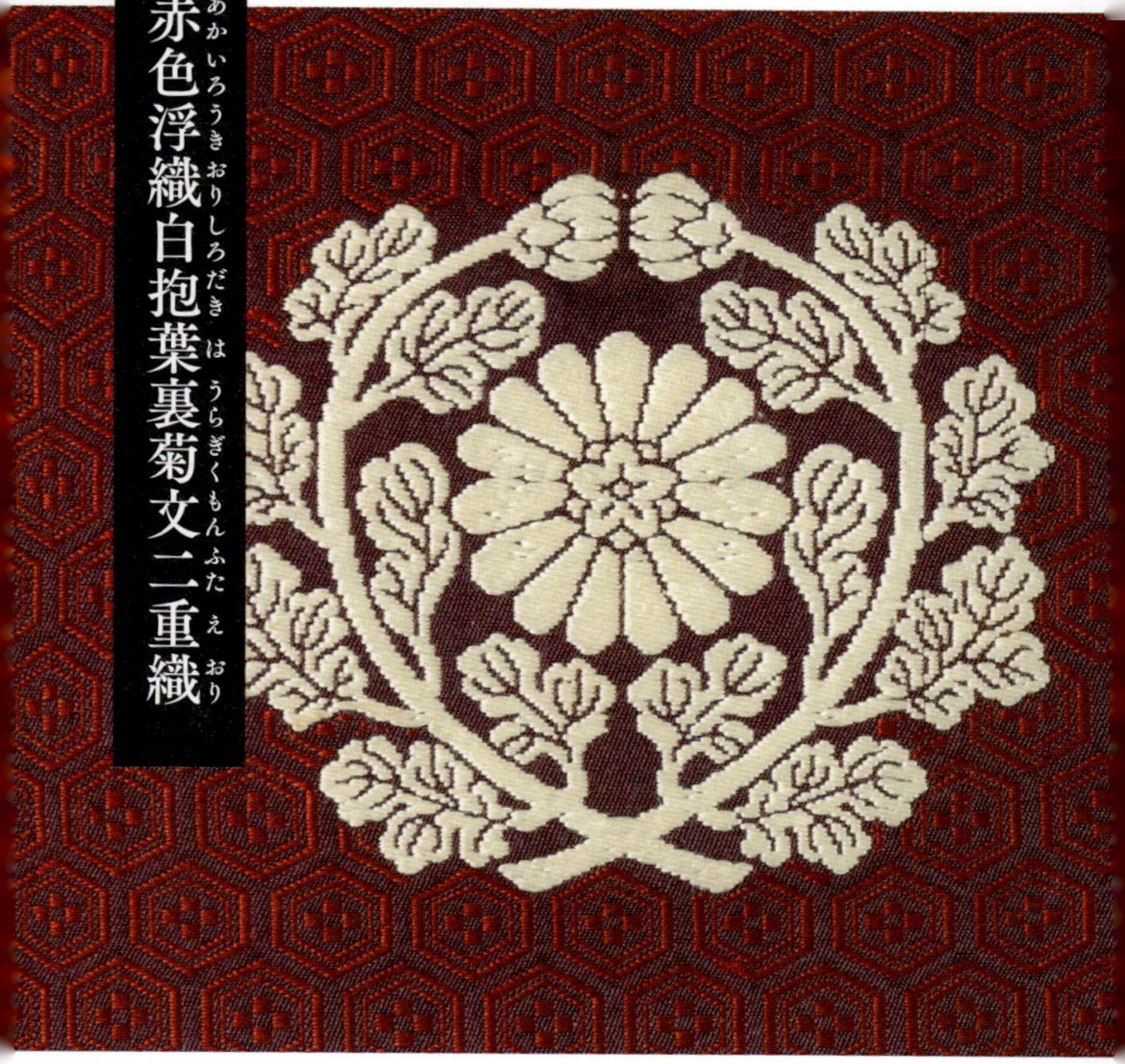

梨本宮《なしもとのみや》家で用いられた小袿の生地

紅綾《べにあや》幸菱《さいわいびし》文《もん》

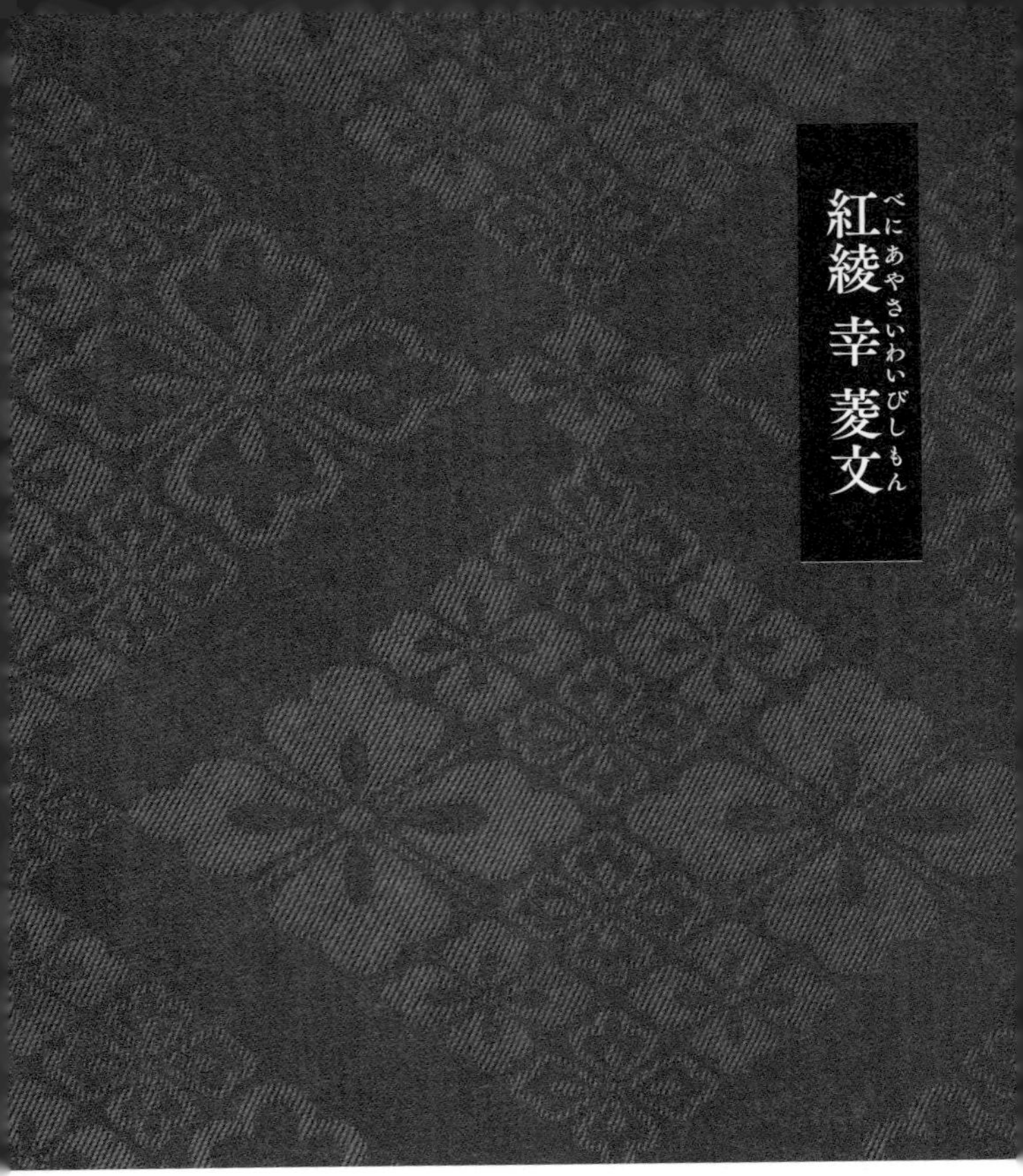

女子皇族の単の生地
文様は「先間《さきあい》菱」で、衣紋道《えもんどう》の山科《やましな》流では「千剣《せんけん》菱」とし、高倉《たかくら》流では「幸菱」と呼ばれます

女子皇族の単の生地

近代の十六歳までの女子は袴・単・小袖の色彩は濃を用いました。

現代では未婚者が用いる色と認識されています

萌《もえ》黄《ぎ》綸《りん》子《ず》唐《から》花《はな》文《もん》

宮内省式部職で楽器台の掛け布
に用いられた生地です

赤《あか》地《じ》小《こ》葵《あおい》文《もん》錦《にしき》

京都御所御常《おつね》御殿剣璽《けんじ》の間の畳縁《たたみべり》
金糸を用いるのは有職生地では珍しい例です

蘭陵王《らんりょうおう》の差貫《さしぬき》

舞楽「蘭陵王」の差貫（袴《はかま》）生地
左方の舞は赤系統の生地を用います

納曽利《なそり》の差貫

舞楽「納曽利」の差貫（袴）生地
右方の舞は青（緑）系統の生地を用います

蘭陵《らんりょう》王《おう》の裲襠《うちかけ》

舞楽「蘭陵王」の裲襠
「裲襠」は袍の上に掛ける防具です
（東京国立博物館蔵）

納《な》曽《そ》利《り》の裲襠

舞楽「納曽利」の裲襠（東京国立博物館蔵）

緋《ひ》地《じ》高麗《こうらい》錦《にしき》

五衣唐衣裳着用時に用いる浅沓《あさぐつ》に張る錦。ただし浅沓は実用しません

白《しろ》地《じ》高麗錦

大臣・親王が用いる畳縁の錦

五色絁《ごしきのあしぎぬ》

大正八年（一九一九）の神嘗祭《かんなめさい》で天皇が伊勢の神宮に奉幣されたもの。五色絁の奉幣は平安時代以来の風習です

両面錦

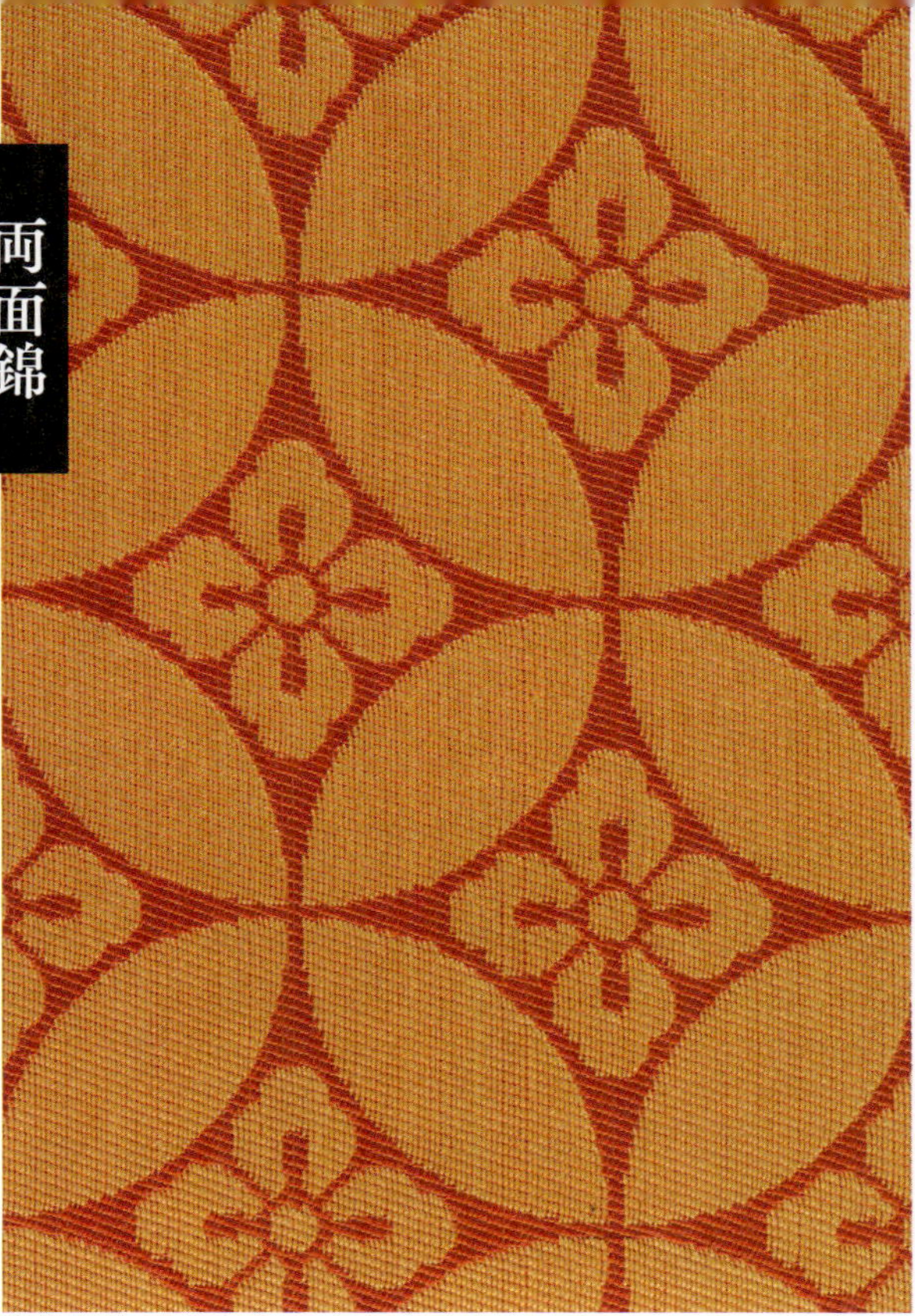

即位礼で紫宸殿《ししんでん》高御座《たかみくら》の下に敷かれた敷布
表裏両方が使える錦のためその名があり、平安時代から宮中の畳縁
などに用いられ、京都御所清涼殿《せいりようでん》の朝餉《あさがれい》の間などに見られます

蘇芳《すおう》地大和《やまと》軟錦《ぜいきん》

屏風《びょうぶ》や障子の縁などに用いられます

赤《あか》地《じ》五《ご》色《しき》窠《か》文《もん》錦《にしき》

伊勢の神宮御神宝

数種類の色糸を用いた美麗な文織物が「錦」。伊勢の神宮では御神宝に色とりどりの錦が用いられます

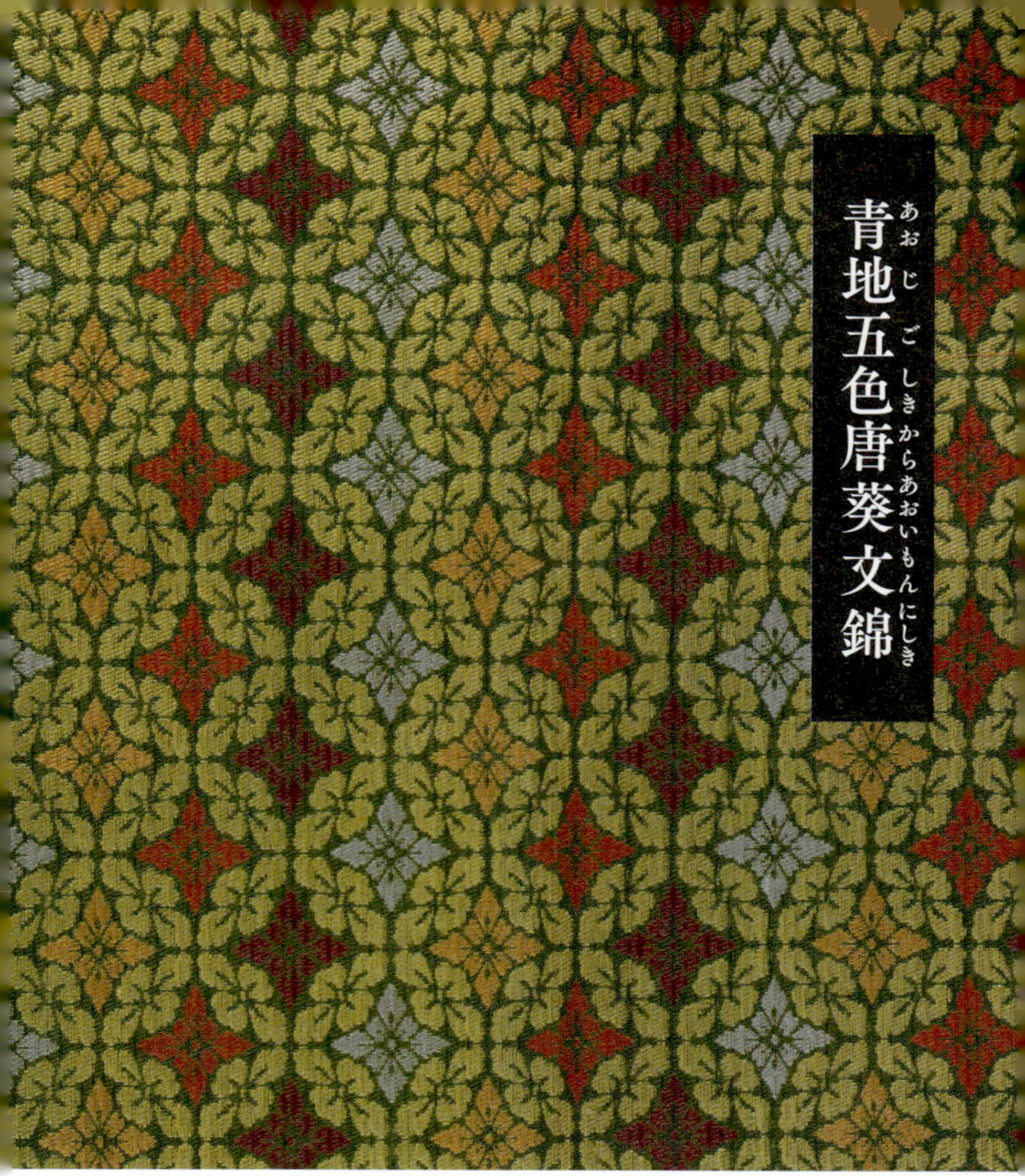

伊勢の神宮御神宝

青地五色唐葵文錦

萌《もえ》黄《ぎ》地《じ》五《ご》色《しき》唐《から》葵《あおい》文《もん》錦《にしき》

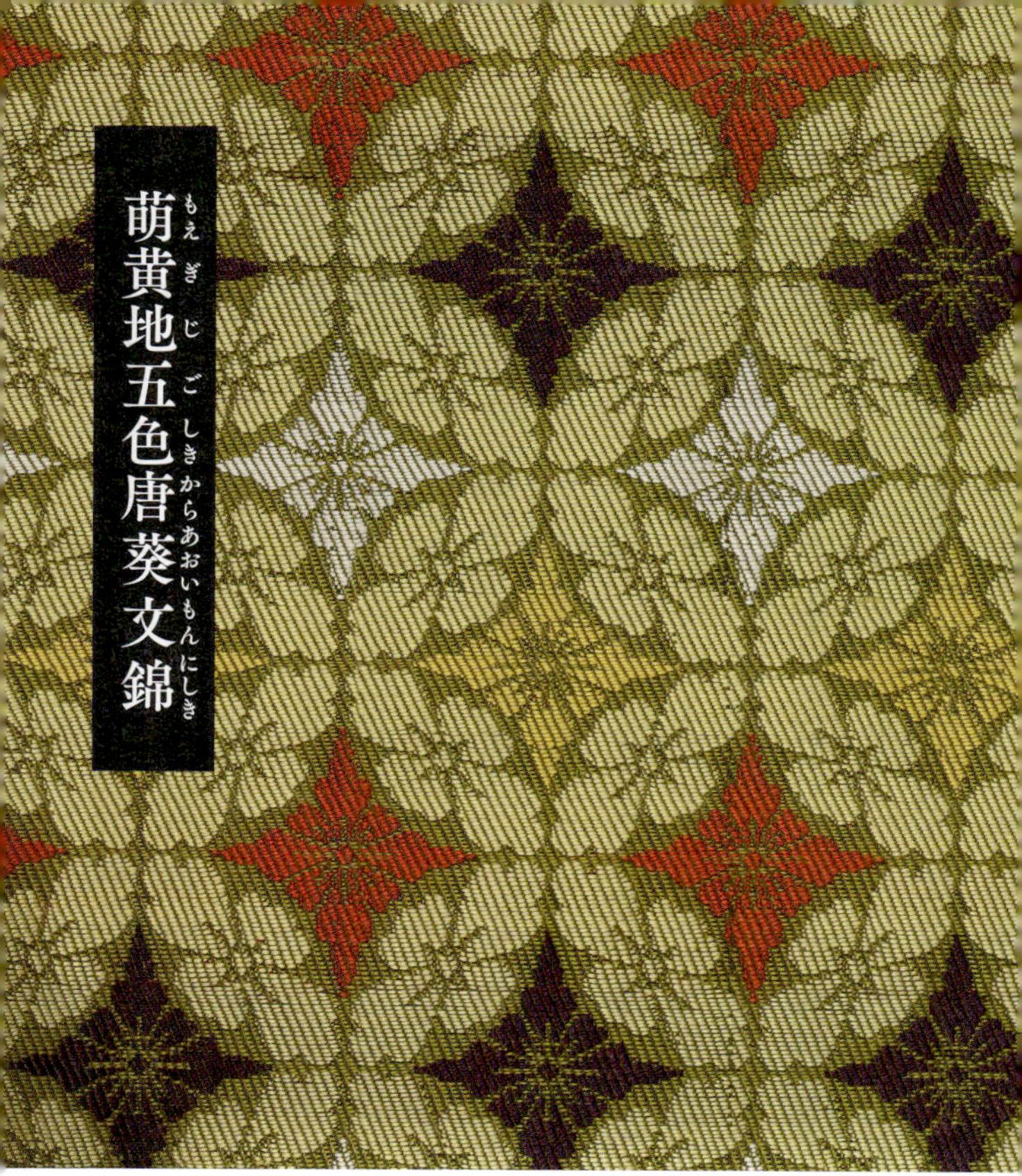

伊勢の神宮御神宝

反物の幅に何度文様を繰り返すかを「釜（窠間）数」と呼び、柄が一つあれば一釜、二つあれば二釜。釜数が多いと文が小さく多くなります

紫地《むらさきじ》散《ちり》桜花《おうか》文《もん》錦《にしき》・繧繝《うんげん》錦《にしき》

（上）伊勢の神宮御神宝

豊受大神宮別宮多《た》賀宮《かのみや》御装束などに見られる意匠です。江戸時代に考案された文様と推測されています

（下）神宮で畳縁に用いられる繧繝錦。宮中の繧繝錦と比較して色彩が淡く優美です

赤《あか》地《じ》四《し》色《しき》唐花《からはな》唐草《からくさ》文《もん》錦《にしき》

伊勢の神宮御神宝

神宮で御神宝の枕を包むのに用いられています

青《あお》夾纈《きょうけち》綿《わたの》御衣《みぞ》生地《きじ》

伊勢の神宮御神宝
皇大神宮《こうたいじんぐう》別宮伊佐奈岐宮《いざなぎのみや》御装束
古代の染色技法「夾纈」は文様を彫り透かした二枚の板に生地を挟み、透かし穴から染料を注ぎ込んで染める技法。髙田装束店では試し刷りを幾度も繰り返したようで、色彩が微妙に異なる生地が複数残ります

白《しろ》浮《うき》織《おり》窠《か》に霰《あられ》文《もん》二《ふた》重《え》織《おり》

古神宝復元生地
熱田神宮御神宝の束帯表袴
昭和戦前期、東京帝室博物館より委嘱を受けた髙田装束店が、各種の古神宝装束類の復元模造を行いました

生絹《すずし》白浮織小葵地飛《とび》鳳《ほう》凰《おう》文《もん》二重織

古神宝復元生地

鶴岡八幡宮御神宝の袿

原品は鎌倉時代頃の作とされ、正倉院宝物を除いて現存最古の装束

といわれる御衣です

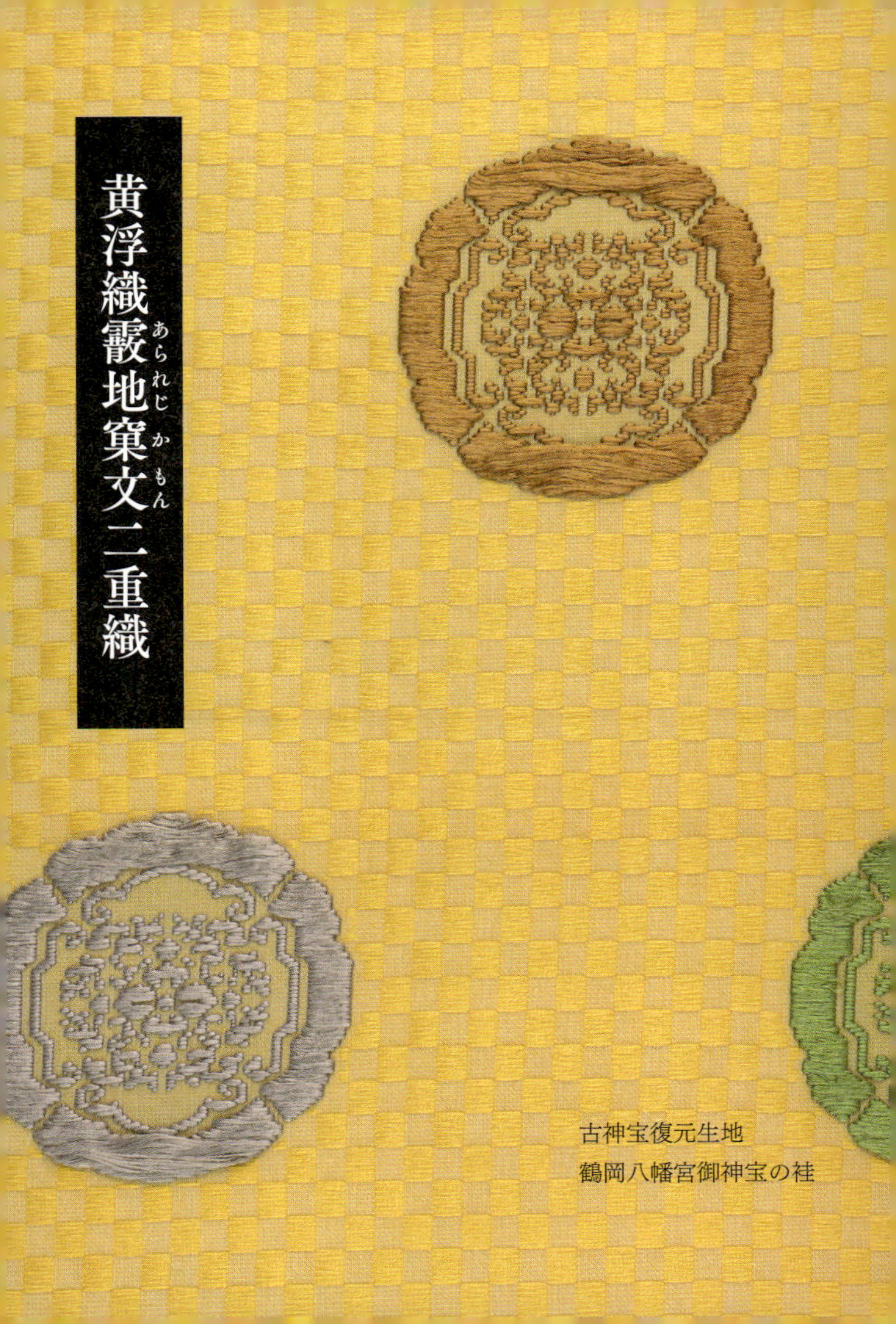

黄浮織霰《あられ》地《じ》窠《か》文《もん》二重織

古神宝復元生地
鶴岡八幡宮御神宝の袿

萌黄浮織臥蝶丸《ふせちようのまる》文二重織

古神宝復元生地

熊野速玉大社御神宝の表着

萌黄地小葵桐《きり》竹《たけ》鳳《ほう》凰《おう》模様二《ふた》陪《え》織《おり》

古神宝復元生地
熱田神宮御神宝の表着
高田義男作。昭和十一年(一九三六)、原品：室町時代・15世紀
(東京国立博物館蔵)

赤地桐《きり》竹《たけ》唐草《からくさ》錦

熱田神宮御神宝の錦包《にしきづつみ》 太刀《のたち》に用いられました

青地唐《から》花《はな》蝶《ちょう》丸文錦

熱田神宮御神宝の太刀袋に用いられました

比《ひ》曽《そ》久《く》固地《かたじ》綾《あや》雲《くも》立《たて》涌《わく》地《じ》向《むかい》鸚鵡《おうむ》丸文

小袿用と考えられますが詳細不明

麴塵《きくじん》固《かた》地《じ》綾《あや》牡《ぼ》丹《たん》唐《から》草《くさ》地《じ》尾《お》長《なが》鳥《どり》丸文

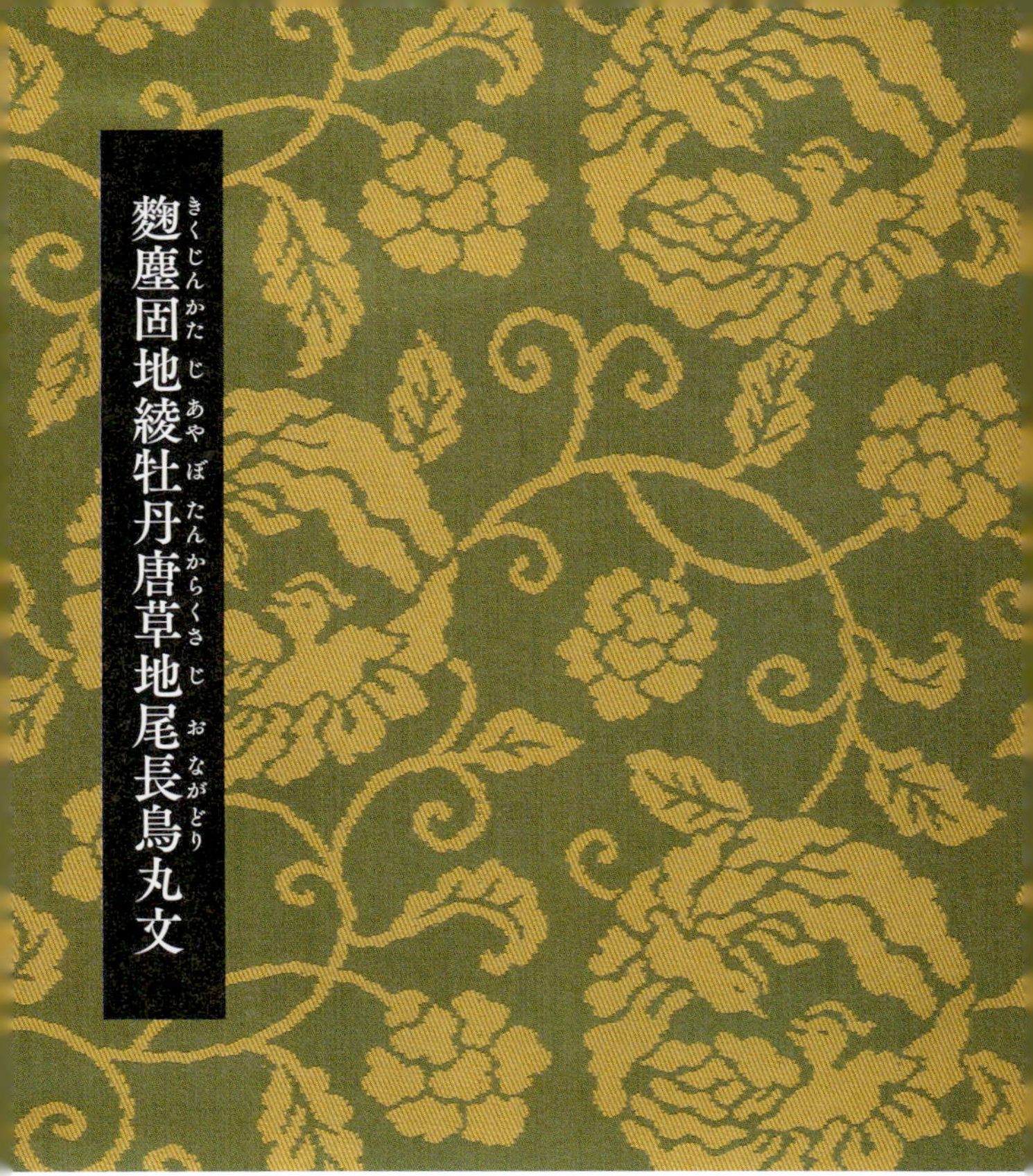

用途不明

紅綾唐草地白《しろ》抱《だき》牡《ぼ》丹《たん》文

摂家の小袿に用いられる生地

濃《こき》香《こう》顕《けん》文《もん》紗《しゃ》松《まつ》唐《から》草《くさ》丸文

江戸時代の夏狩衣に見られる生地

紫綾朽木《くちき》形《がた》並《ならびに》鸚鵡《おうむ》丸文比翼《ひよく》文

袿の生地と思われます

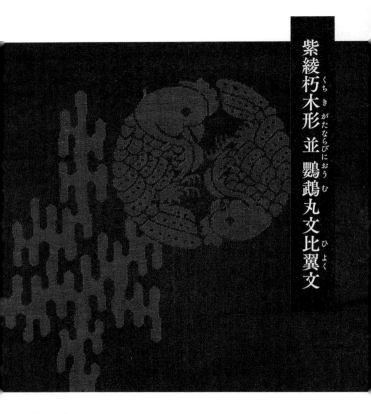

白固地綾雲立涌文

高齢皇族の指貫に用いられたと思われます

薄紅紗波形地松《まつ》喰《くい》鶴《づる》文縫取織

唐衣地。着用者不明

青色固地綾宝相華《ほうそうげ》地蝶桜花文縫取織

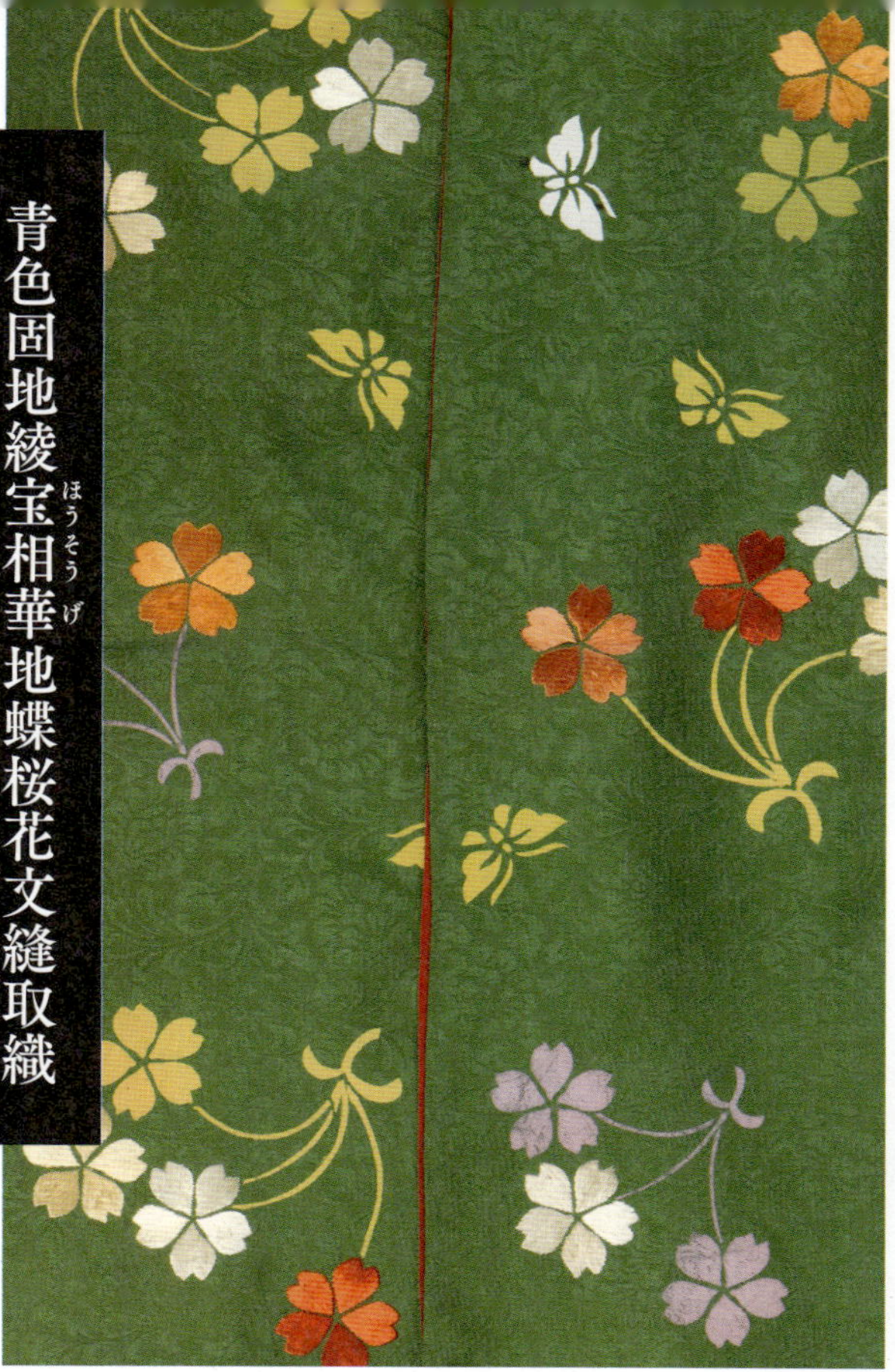

唐衣地。着用者不明

比曽久《ひそく》固地綾雲立涌地鳳凰丸文

用途不明

固地綾向《むかい》松《まつ》喰《くい》鶴《づる》雲形文

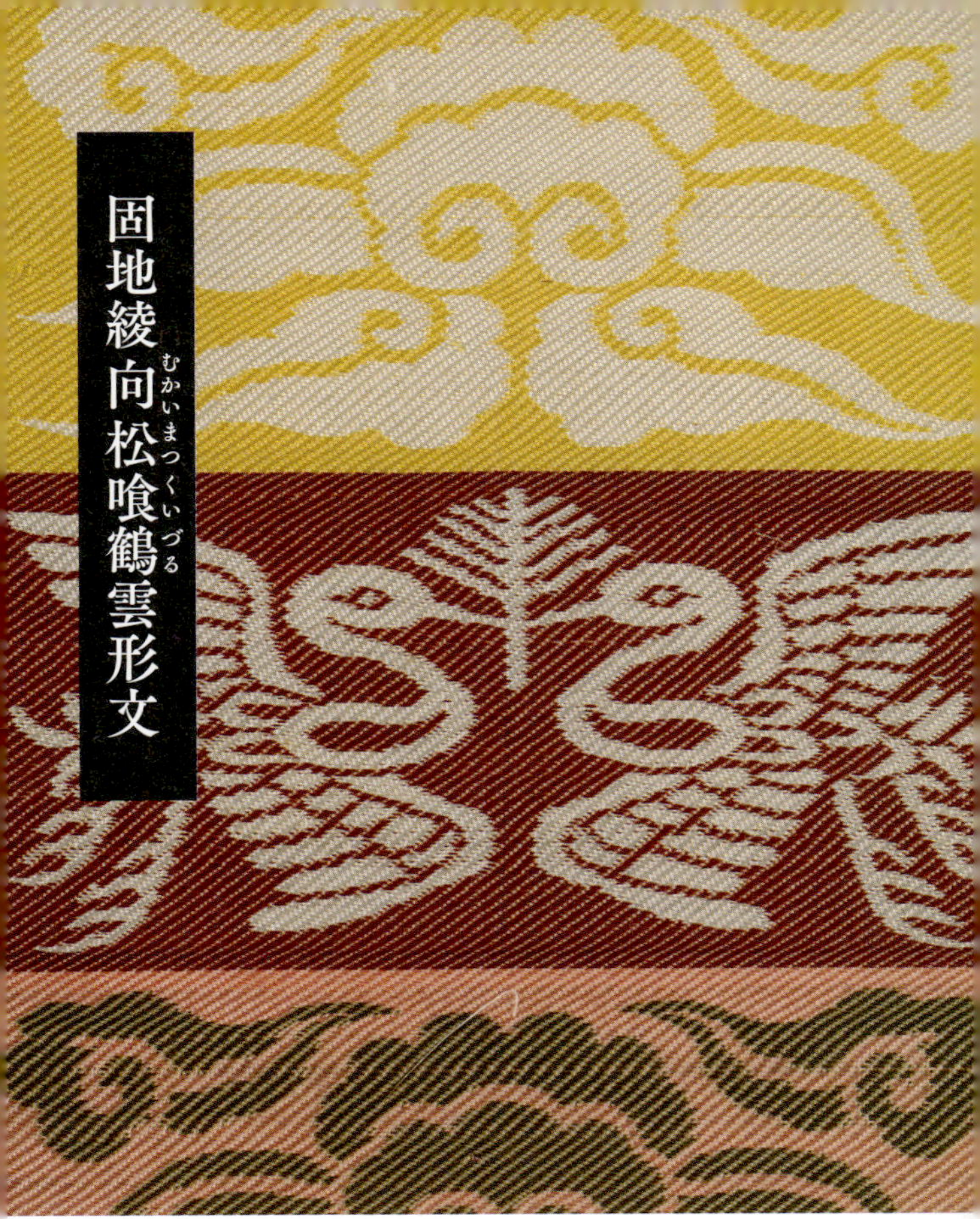

用途不明

唐花に尾《お》長《なが》鳥《どり》文

（上）紫固地綾唐花に尾長鳥文

（下）麴塵固地綾唐花に尾長鳥文

正倉院宝物に見られる文様で、さまざまな用途に用いられました

葡萄《えび》色《いろ》綾小葵文・赤地小葵錦

（上）葡萄色綾小葵文
熊野速玉大社御神宝（唐衣）に見られる古式の小葵文
（下）赤地小葵錦

赤地大《おお》牡《ぼ》丹《たん》文錦

同様の錦は多く見られますが、これは伊勢の神宮に奉幣される錦の意匠に類似します

檀紙《だんし》

男子皇族が束帯・衣冠等で懐中する帖紙《たとう》の用紙。檀紙に金箔押

女子皇族の帖紙《たとう》

女子皇族が五衣唐衣裳等で懐中する帖紙の用紙。紅梅地に梅枝と霞の金彩

女子皇族の帖紙

幼年皇族の帖紙

紅梅檀紙に金箔押。幼年皇族の帖紙の用紙

料紙《りょうし》

上下をぼかし、平安時代の継ぎ紙を模しています

平安時代の色紙を模しています。「行成紙《こうぜいがみ》」とも呼ばれます

その他調度

有職生地は衣類だけでなく、さまざまな調度品にも用いられました。天皇が行幸する際に常に一緒に移動するのが三種の神器のうち神剣と神璽《しんじ》（勾玉《まがたま》）。しかし東京へあるいは京都へ遷御する際などは神鏡も移動し、このとき神鏡は特別な御輿《みこし》「御羽車《おはぐるま》」に納められます。明治天皇の東遷や大正・昭和の京都での即位礼においても、この御羽車が見られました。御羽車は特別な柄の錦で包まれています。

通常の場合、神鏡は宮中の奉安殿《ほうあんでん》に安置され移動しません。その奉安殿を「賢所《けんしょ》」と呼び、神鏡そのものもまた「賢所」と呼ばれることがありました。大正以来の即位礼では当日朝に「賢所大前の儀」と呼ばれる神事を行ってから、華やかな「正殿の儀」が行われることになりました。

また京都御所における各所の調度に用いられる布帛《ふはく》・壁代《かべしろ》、帷《かたびら》の類《たぐい》も髙田装束店が取り仕切りました。さらに天皇が束帯黄櫨染《そくたいこうろぜん》御袍着用時に履く「御挿鞋《ごそうかい》」も髙田装束店の調進。御挿鞋には繧繝《うんげん》錦を張りますが、繧繝錦は高御座の畳縁、倚子《いし》縁をはじめ、多くの箇所でさまざまな意匠で用いられました。

蘇《す》芳《おう》地牡《ぼ》丹《たん》文錦

蘇芳地牡丹文錦

御神鏡を遷御するための「御羽車」の帷《かたびら》生地

賢《けん》所《しょ》唐《から》櫃《びつ》帷《かたびら》

御羽車
大正即位礼で東京の皇居から京都御所に遷御する御神鏡を納めた御羽車

白・黄・柿色の絁
賢所の唐櫃帷

紺地菊花唐花文倭錦《やまとにしき》

（上）紺地白菊花唐花文倭錦

伊勢の神宮御神宝に見られる錦

（下）紺地紫菊花唐花文倭錦

紺地緋菊花唐花文倭錦

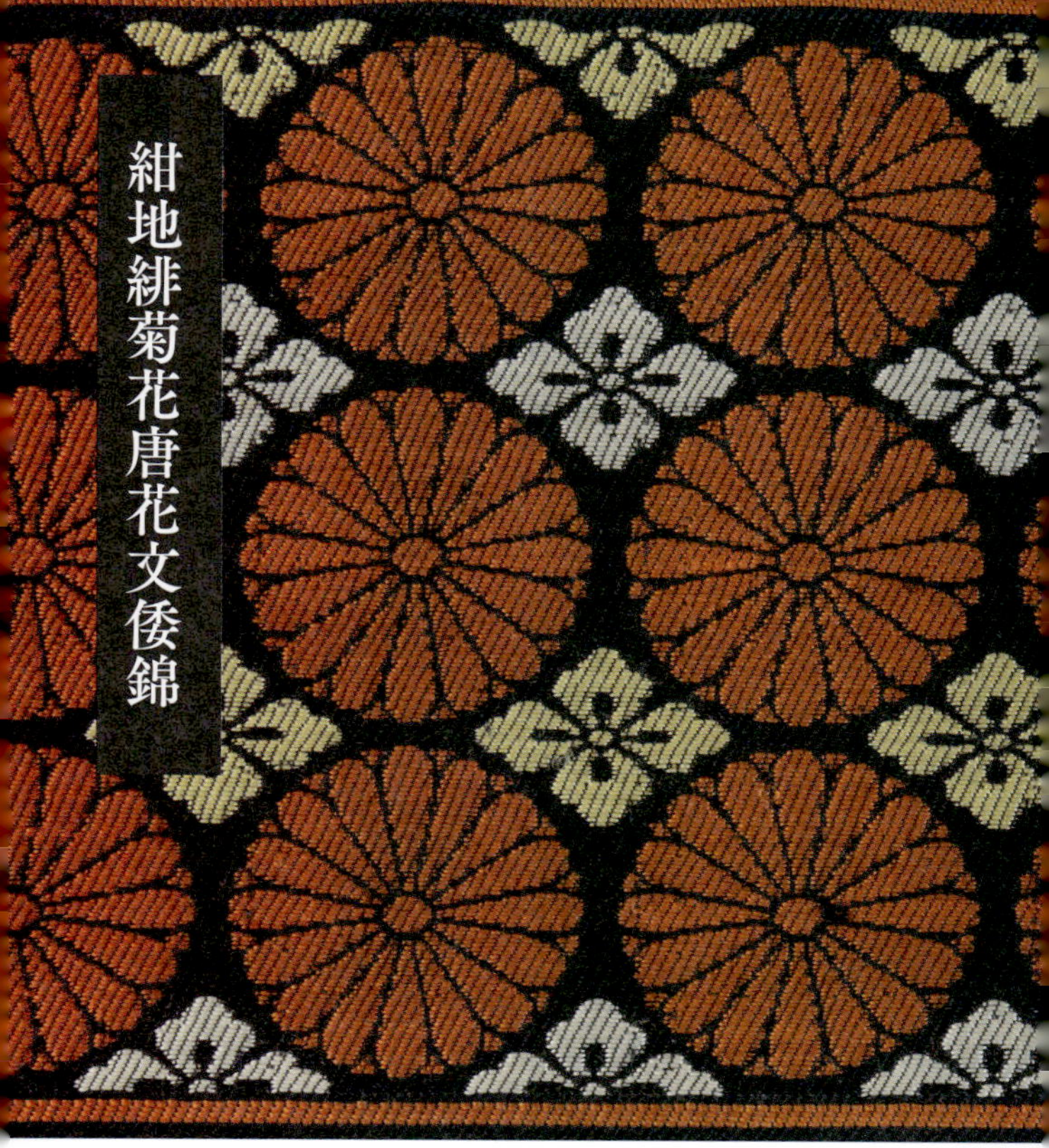

現在宮中で御剣・御玉を納める筥《はこ》の帷に用いられています

市《いち》松《まつ》卓《たく》被《ひ》

いわゆる遠州《えんしゆう》緞《どん》子《す》の柄で、宮中の様々な場面でテーブルクロスとして用いられています。これは大正天皇御前会議で用いられた品

軟《ぜ》障《じょう》

宮中儀式でタペストリーのように用いられる「軟障」の生地
（上）表地の白綸子宝相華文
（下）裏地の紅綸子宝相華文

宮中御挿花台地敷

（上）朽葉地飛雲文錦

（下）赤地唐花文錦

赤地雲龍文錦

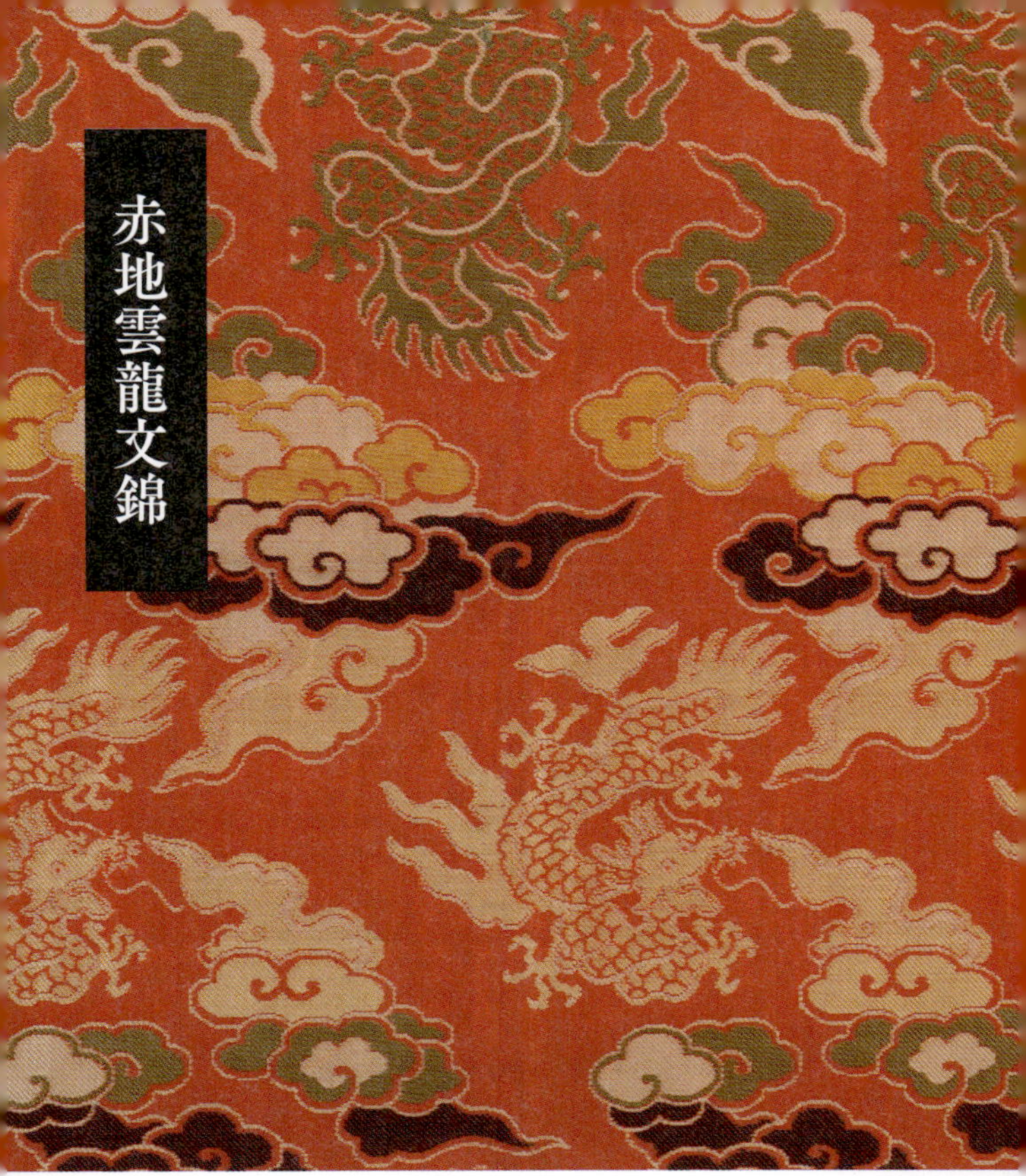

京都御所御常御殿剣璽の間の帷
有職文様で龍がモチーフになるのは稀《まれ》です

浮織繧《うん》繝《げん》錦

御挿鞋《ごそうかい》

天皇が殿上で履く「御挿鞋」には浮織繧繝錦を張ります

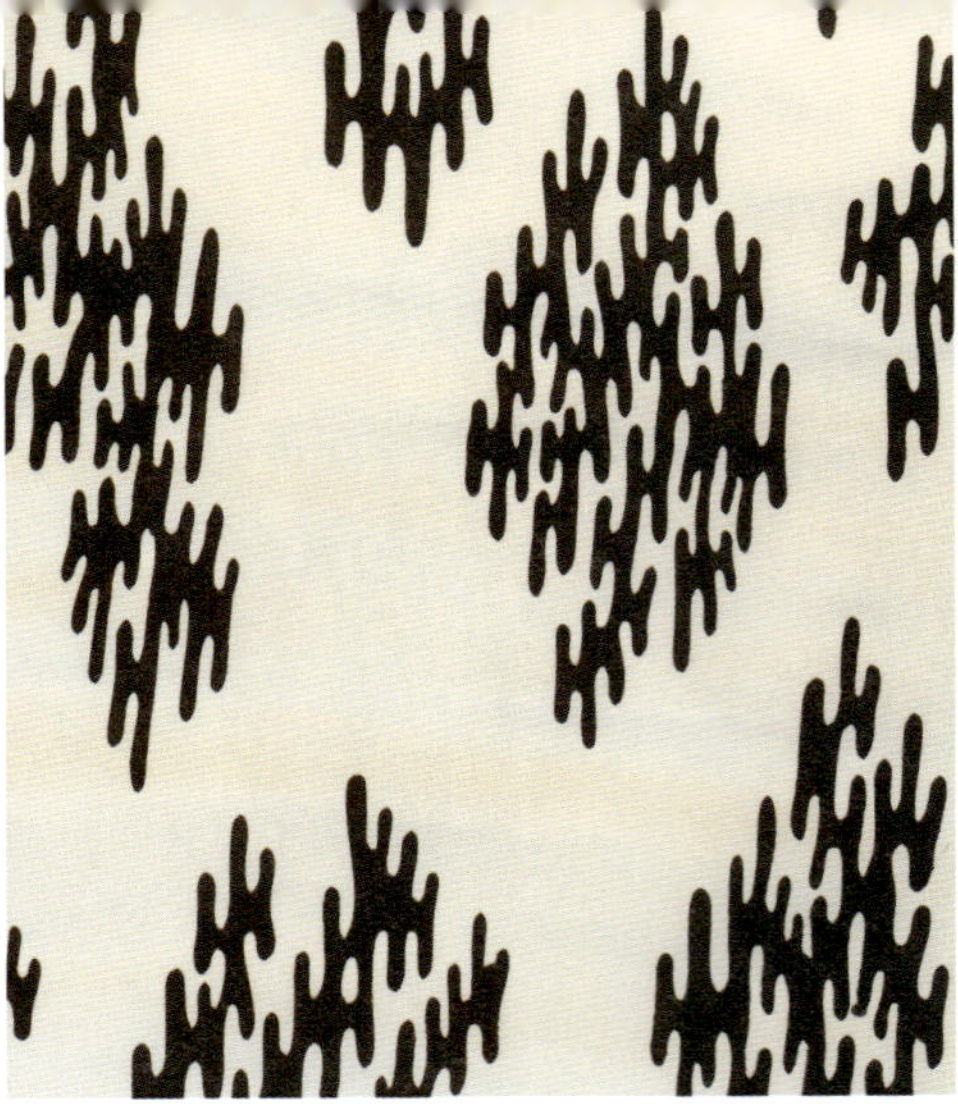

紫《し》宸《しん》殿《でん》壁《かべ》代《しろ》

大正の即位礼で使用。高御座の背景となりました。仕切りや幕のように用いられる「壁代」は平安時代から伝統的に「朽木形」の摺文が施されます

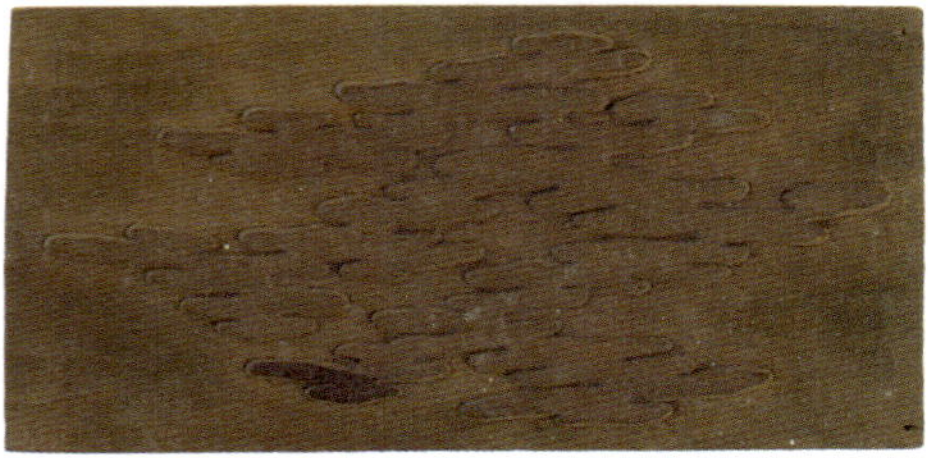

朽木形摺のための木版

第六章　有職の色彩

草木染めの染料

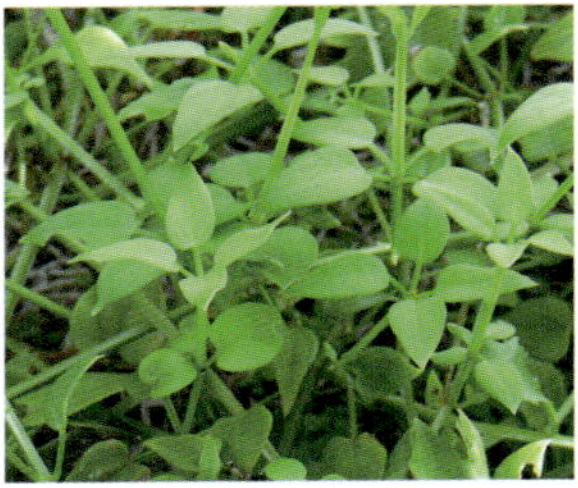

（上）ムラサキ（紫、学名：*Lithospermum erythrorhizon*）
（中）ベニバナ（紅花、学名：*Carthamus tinctorius*）
（下）アカネ（茜、学名：*Rubia argyi*）

（上）カリヤス（刈安、学名：*Miscanthus tinctorius*）
（中）ハゼノキ（櫨の木、学名：*Toxicodendron succedaneum*）
（下）アイ（藍、学名：*Persicaria tinctoria*）

【染色糸見本】 赤系統

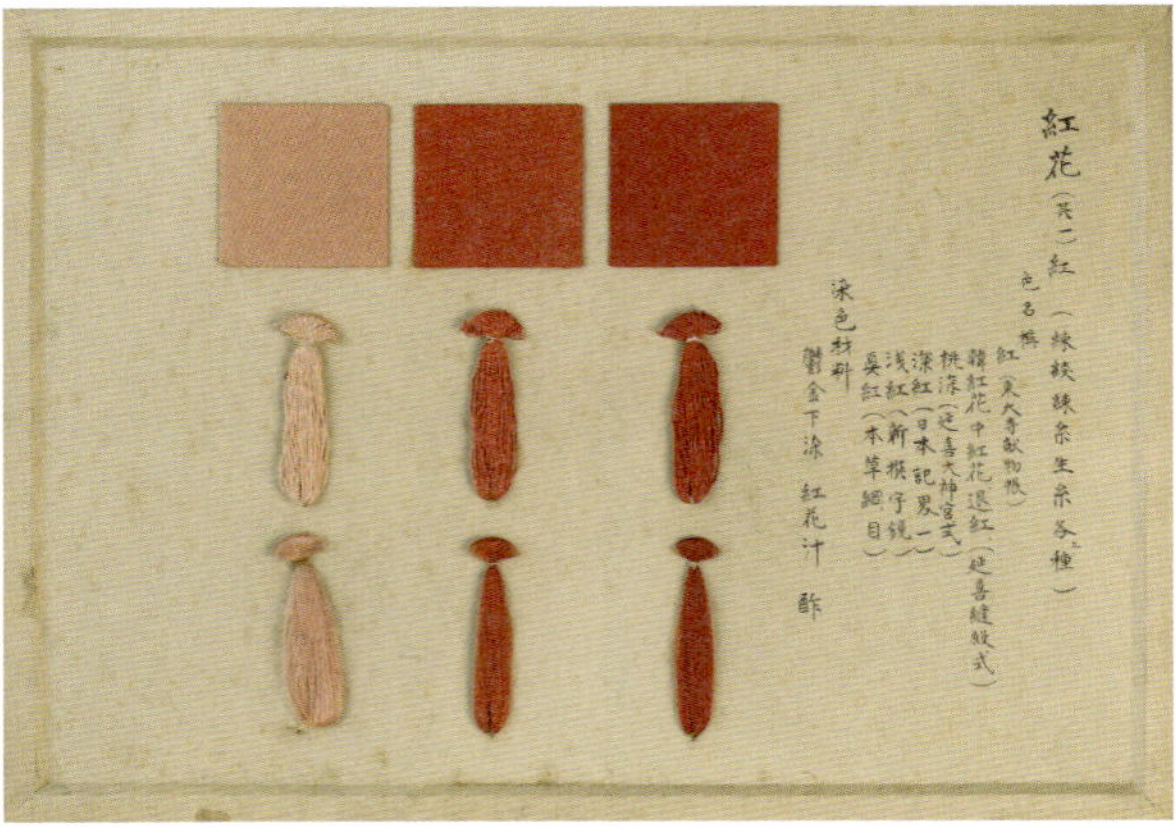

ベニバナによる染色。『延喜式』などから復元し、織物の参考とされました。赤系統はベニバナのほか、アカネも用いられました

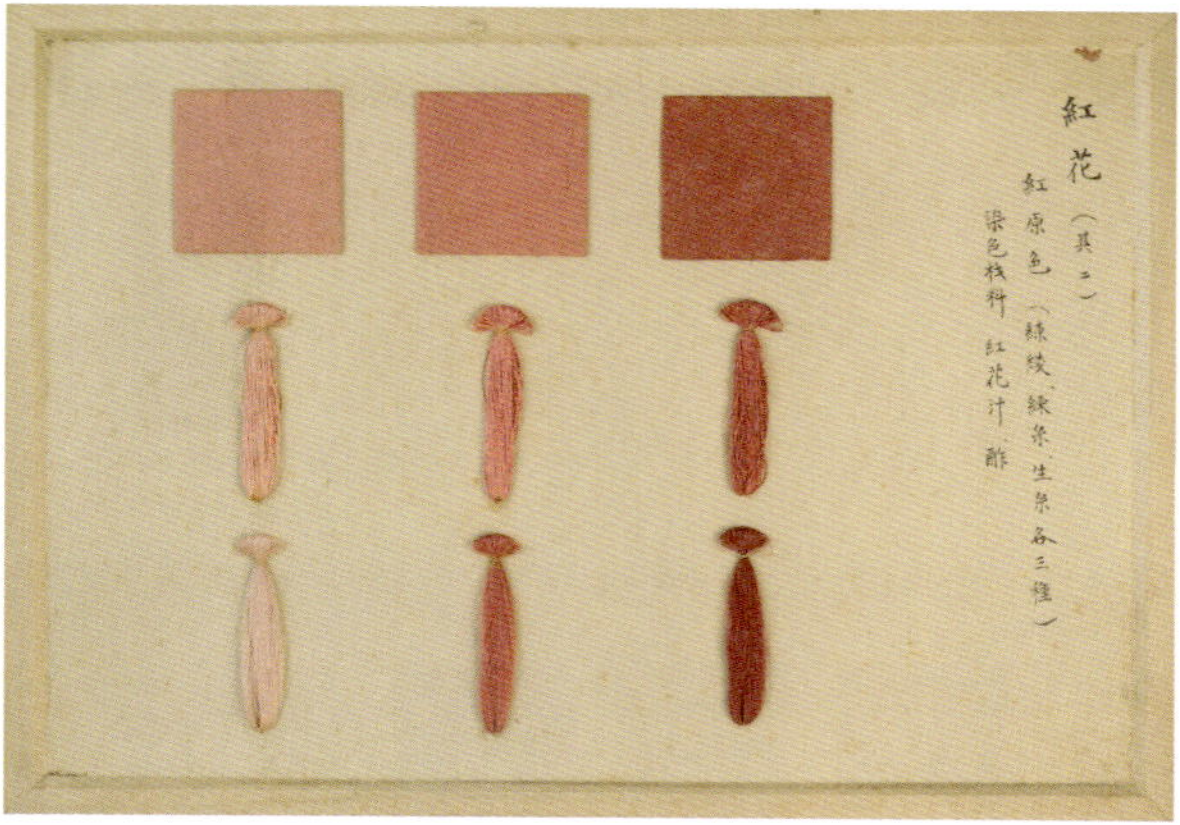
紅花（其二）
紅原色（練綾、練糸、生糸各三種）
染色材料　紅花汁、酢

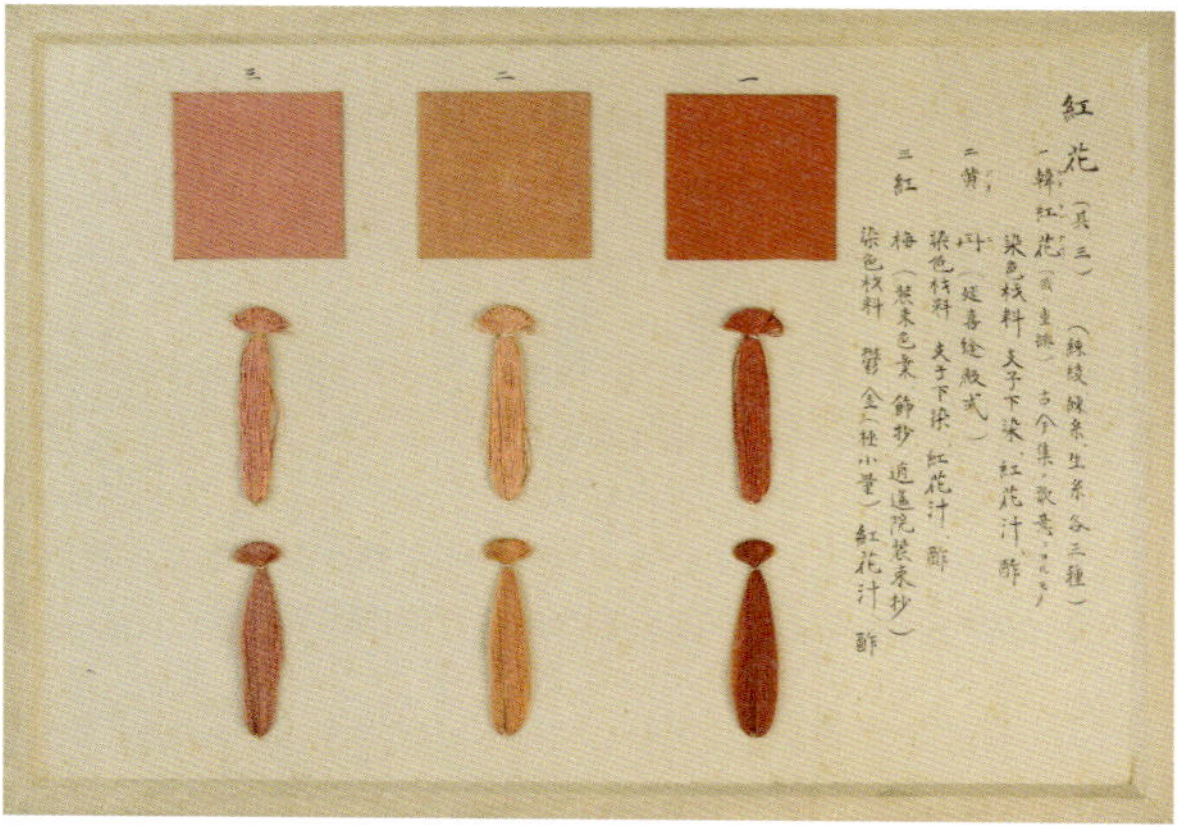
三　二　一
紅花（其三）
一韓紅花（或呉藍）（練綾、練糸、生糸各三種）
古今集、歌意ニヨル
染色材料　支子下染、紅花汁、酢
二黄丹（延喜縫殿式）
染色材料　支子下染、紅花汁、酢
三紅梅（装束色彙、飾抄、逍遥院装束抄）
染色材料　鬱金（極小量）紅花汁、酢

【染色糸見本】

紫系統

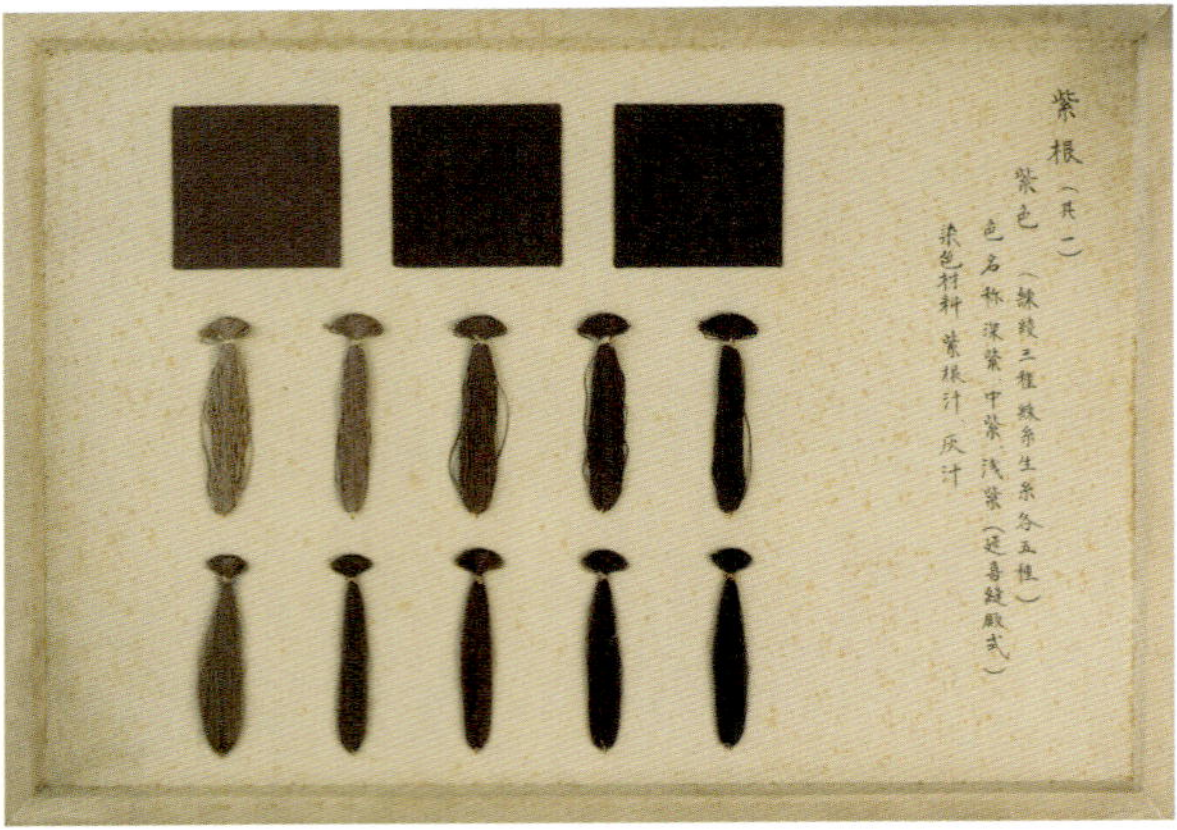

ムラサキによる染色。ムラサキは平安時代中期から貴重で、ベニバナとアイの相掛けで紫色を染める「二藍《ふたあい》」が用いられた

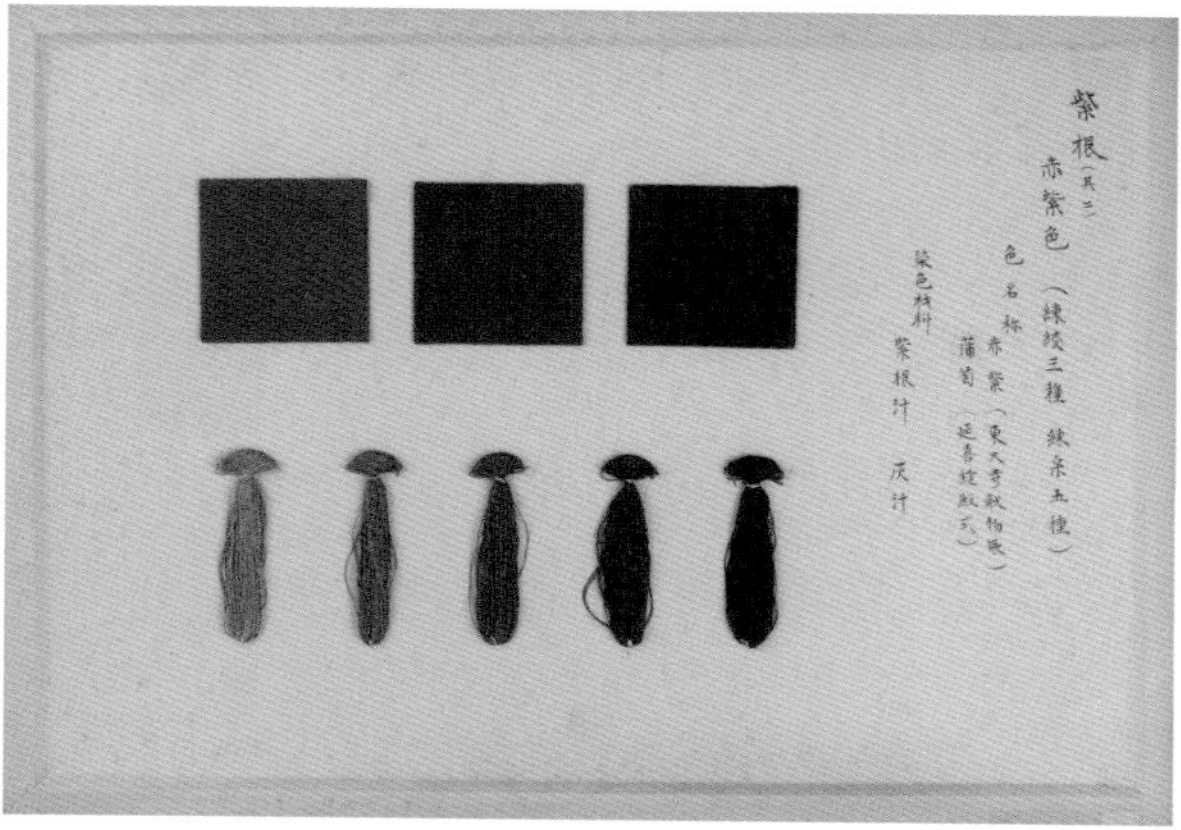
紫根（其二）
赤紫色（練絞三種　絓糸五種）
色名称
赤紫（東大寺献物帳）
蒲萄（延喜縫殿式）
染色材料
紫根汁　灰汁

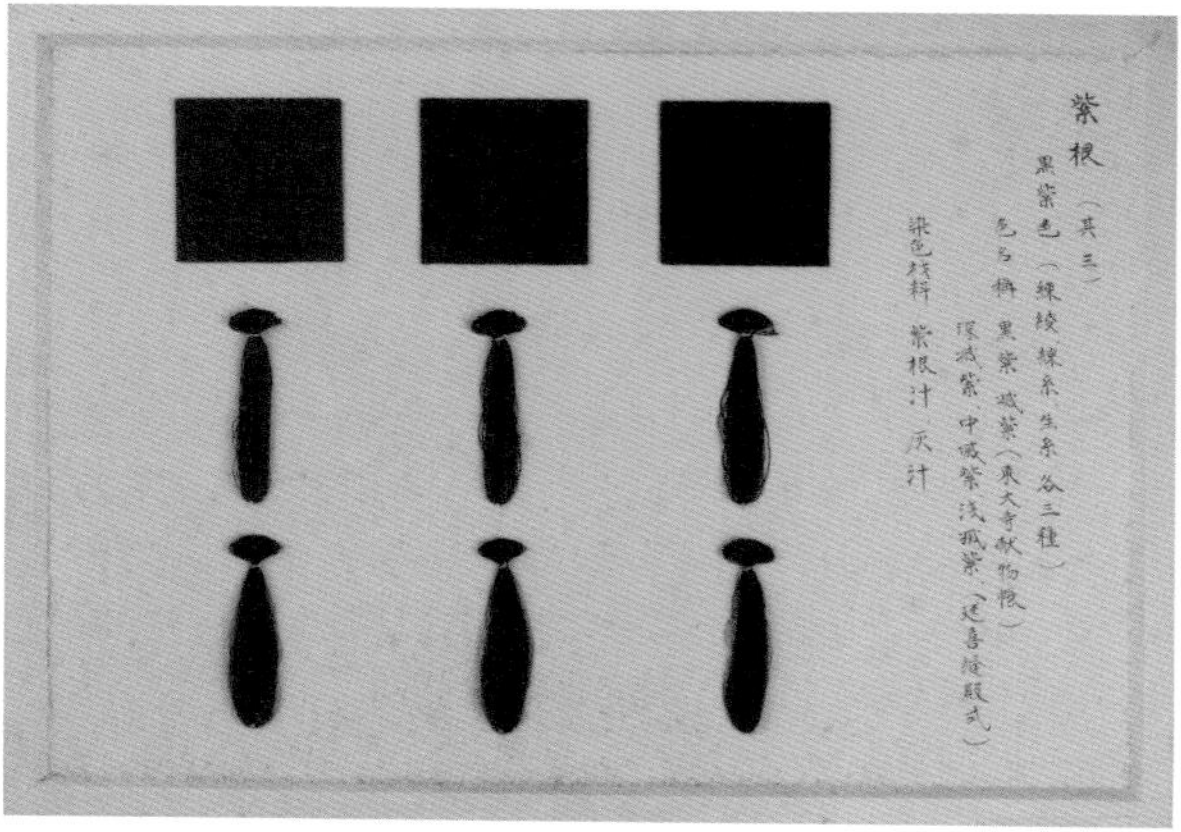
紫根（其三）
黒紫色（練絞　練糸　生糸　各三種）
色名称　黒紫　滅紫（東大寺献物帳）
深滅紫、中滅紫、浅滅紫（延喜縫殿式）
染色材料　紫根汁　灰汁

【染色糸見本】

青系統

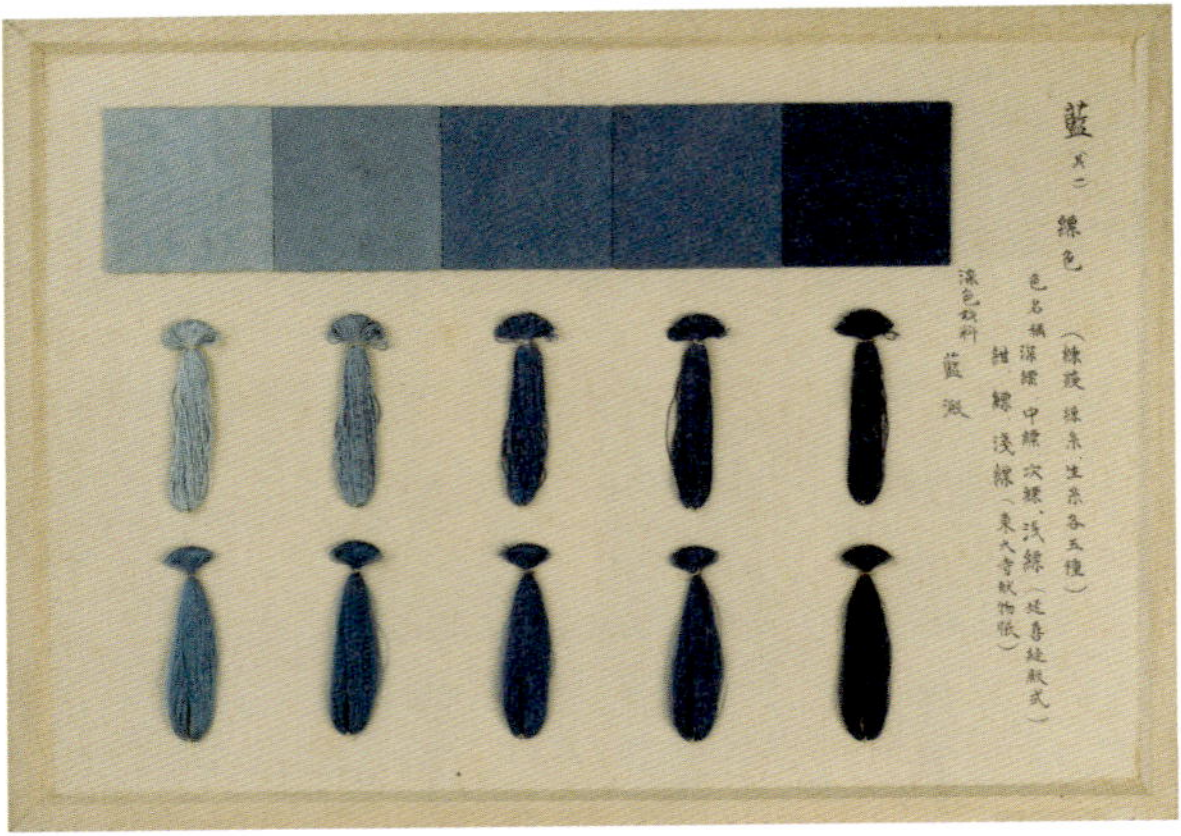

アイによる染色。古くから藍染めのブルーを「縹《はなだ》」と呼びます。ツユクサの色という意味です。緑色の染料はありませんので、アイとカリヤスを相掛けして緑色に染めました

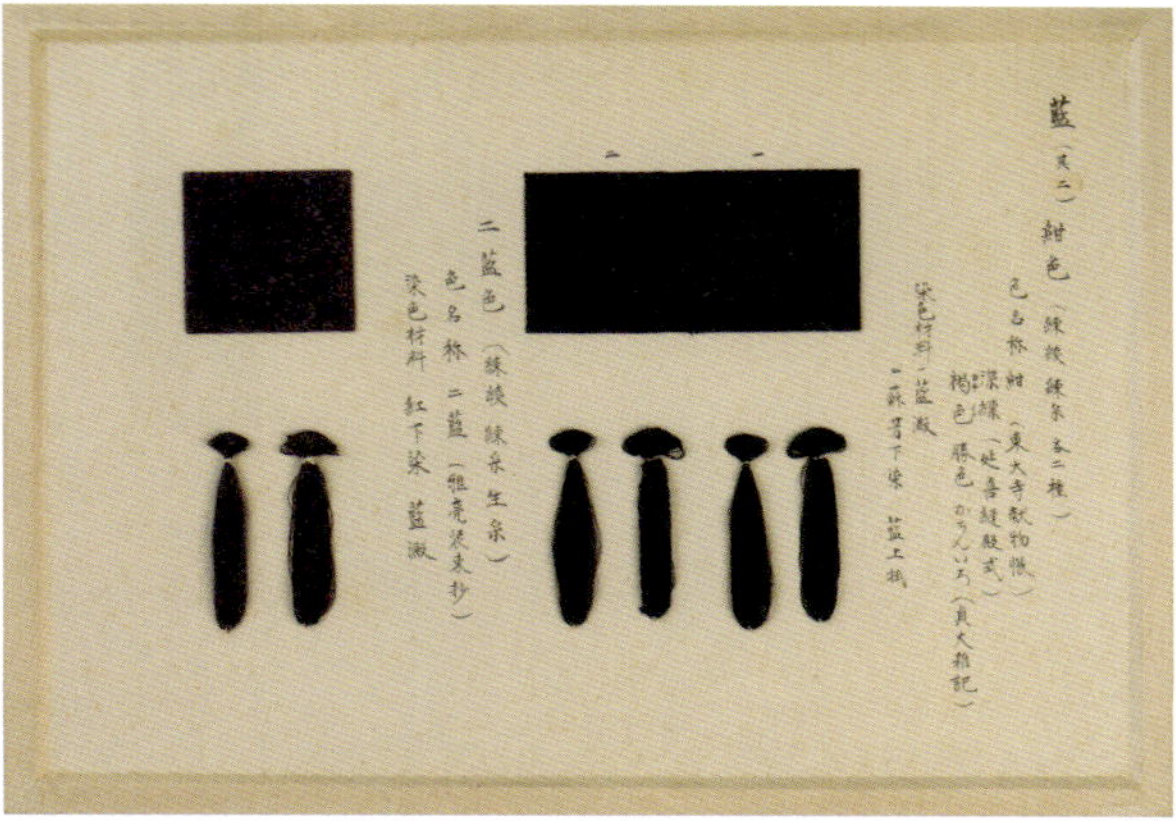
藍（其二）
紺色（練絹 練糸 各二種）
色名称 紺（東大寺献物帳）
深縹（延喜縫殿式）
褐色 勝色 かちんいろ（貞丈雑記）
染色材料 一 藍瓶
二 蘇芳下染 藍上掛
二藍色（練絹 練糸 生糸）
色名称 二藍（雅亮装束抄）
染色材料 紅下染 藍瓶

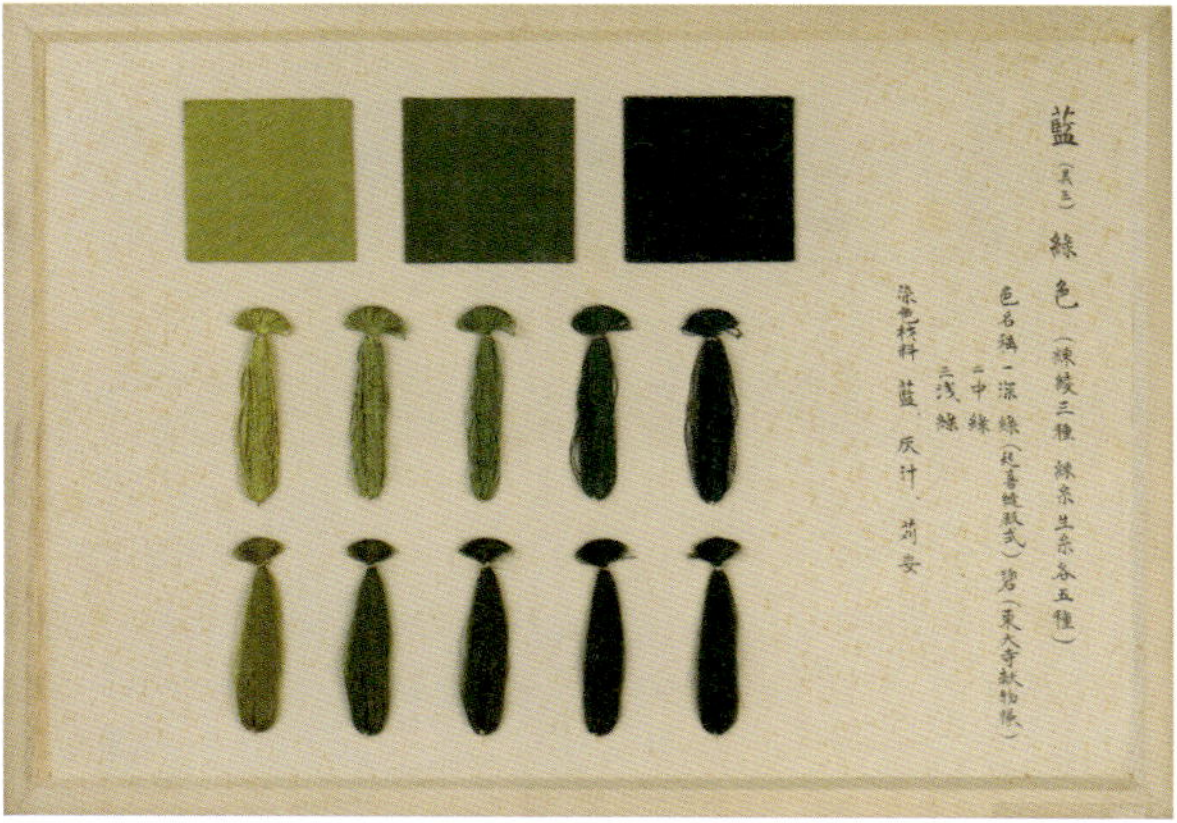
藍（其三）
緑色（練綾三種 練糸 生糸 各五種）
色名称 一 深緑（延喜縫殿式）碧（東大寺献物帳）
二 中緑
三 浅緑
染色材料 藍、灰汁、刈安

【染色糸見本】 黄系統

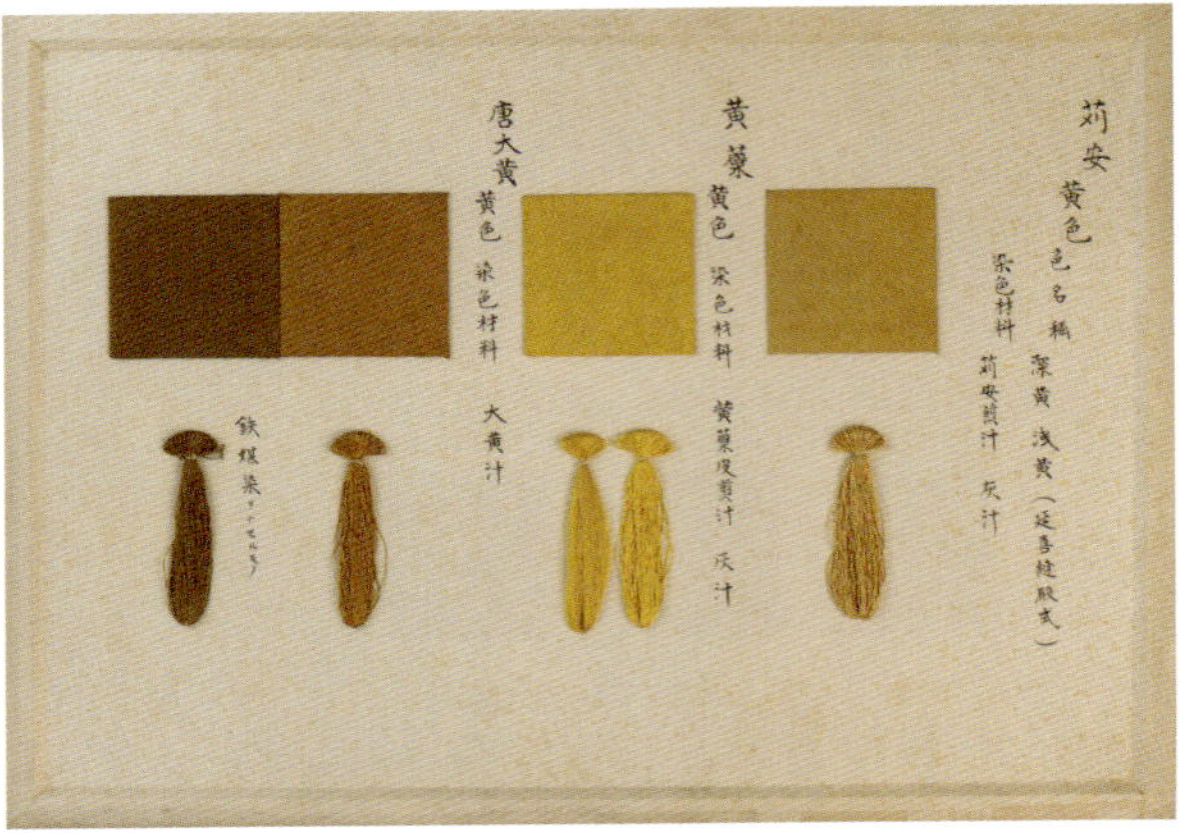

黄色はカリヤスやクチナシ（支子）で染めました。蘇《す》芳《おう》色（赤茶色）はマメ科の小高木スオウで染めますが、これはインド、マレー諸島原産の植物で、平安時代も現在も完全に輸入材です

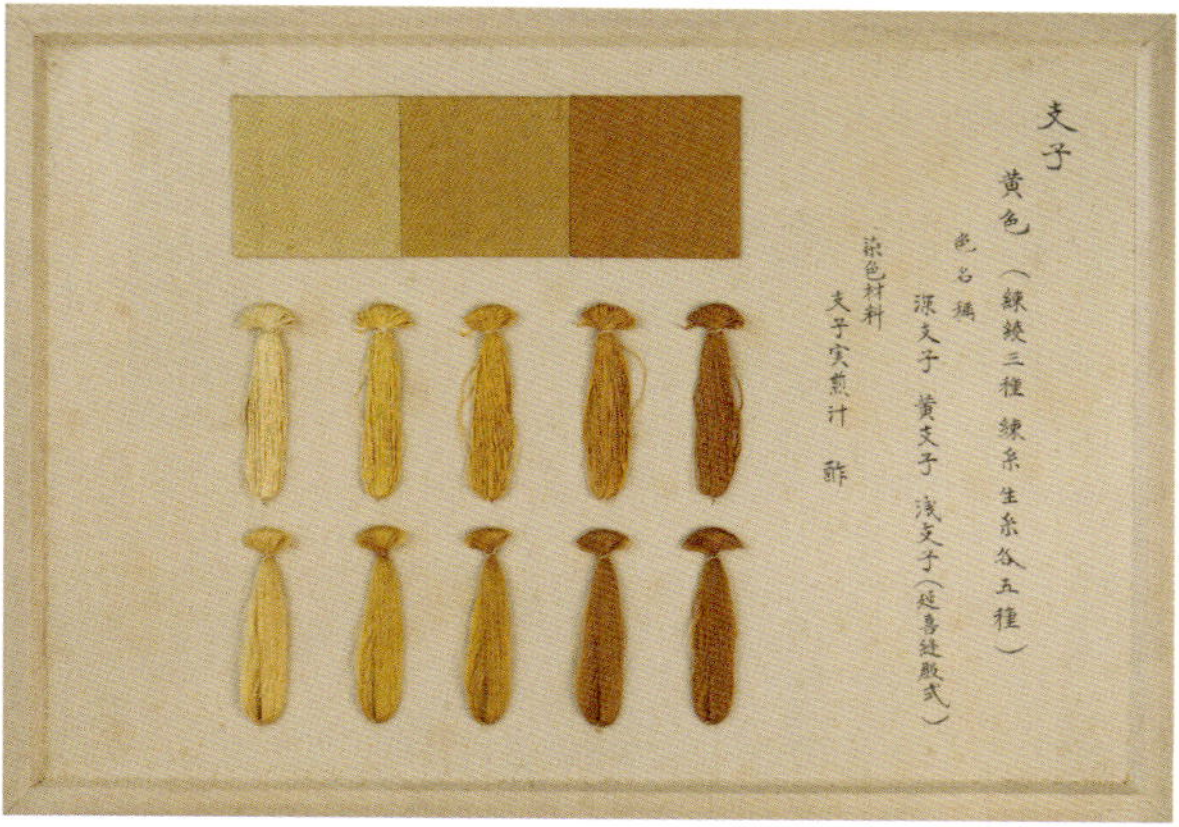
支子
黄色（練綾三種 練糸 生糸各五種）
色名稱
深支子 黄支子 浅支子（延喜縫殿式）
染色材料
支子実煎汁 酢

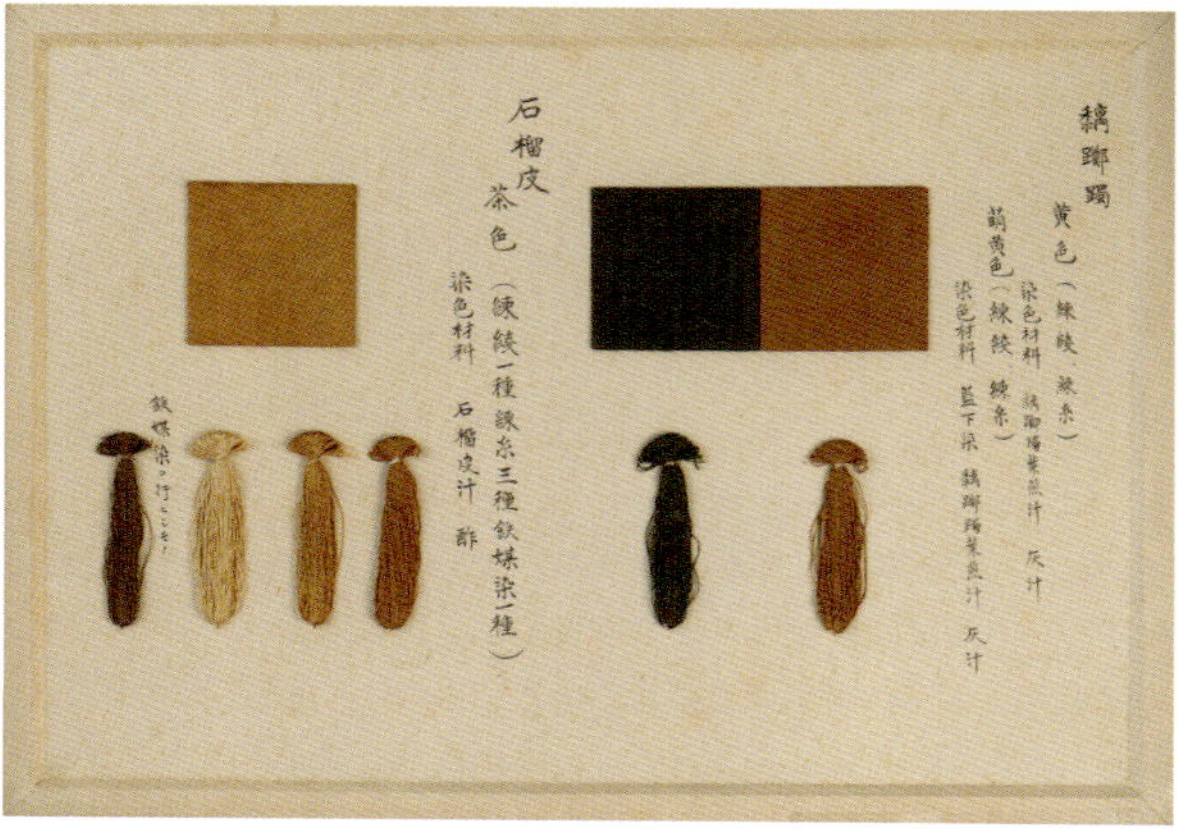
黐躑躅
黄色（練綾 練糸）
染色材料 黐躑躅葉煎汁 灰汁
萌黄色（練綾 練糸）
染色材料 藍下染 黐躑躅葉煎汁 灰汁
石榴皮
茶色（練綾一種 練糸三種 鉄媒染一種）
染色材料 石榴皮汁 酢
鉄媒染

【染色糸見本】

茶系統

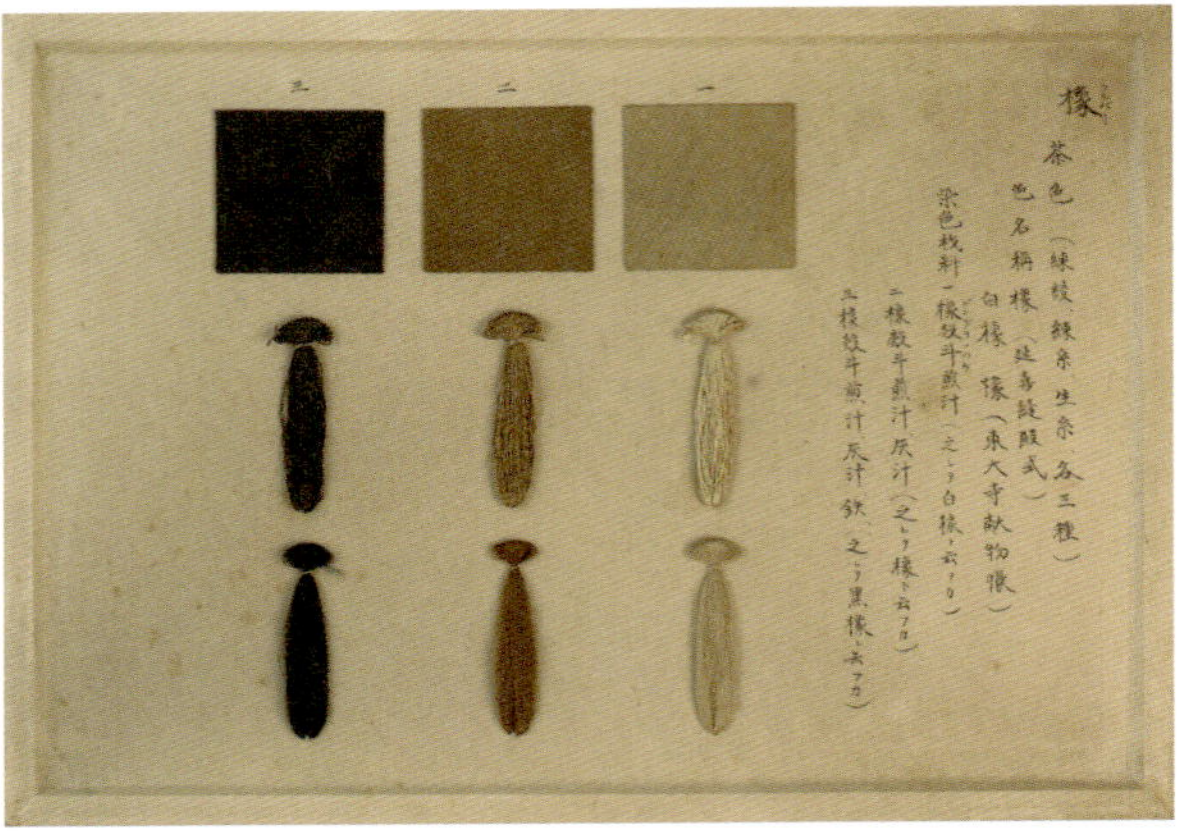

橡《つるばみ》はクヌギ染め、丁字《ちょうじ》は香辛料のクローブで染めた色で「香色《こういろ》」とも呼ばれます。ハゼとスオウで染める「黄櫨染《こうろぜん》」は平安時代前期の嵯峨《さが》天皇の時代から天皇の当色《とうじき》です

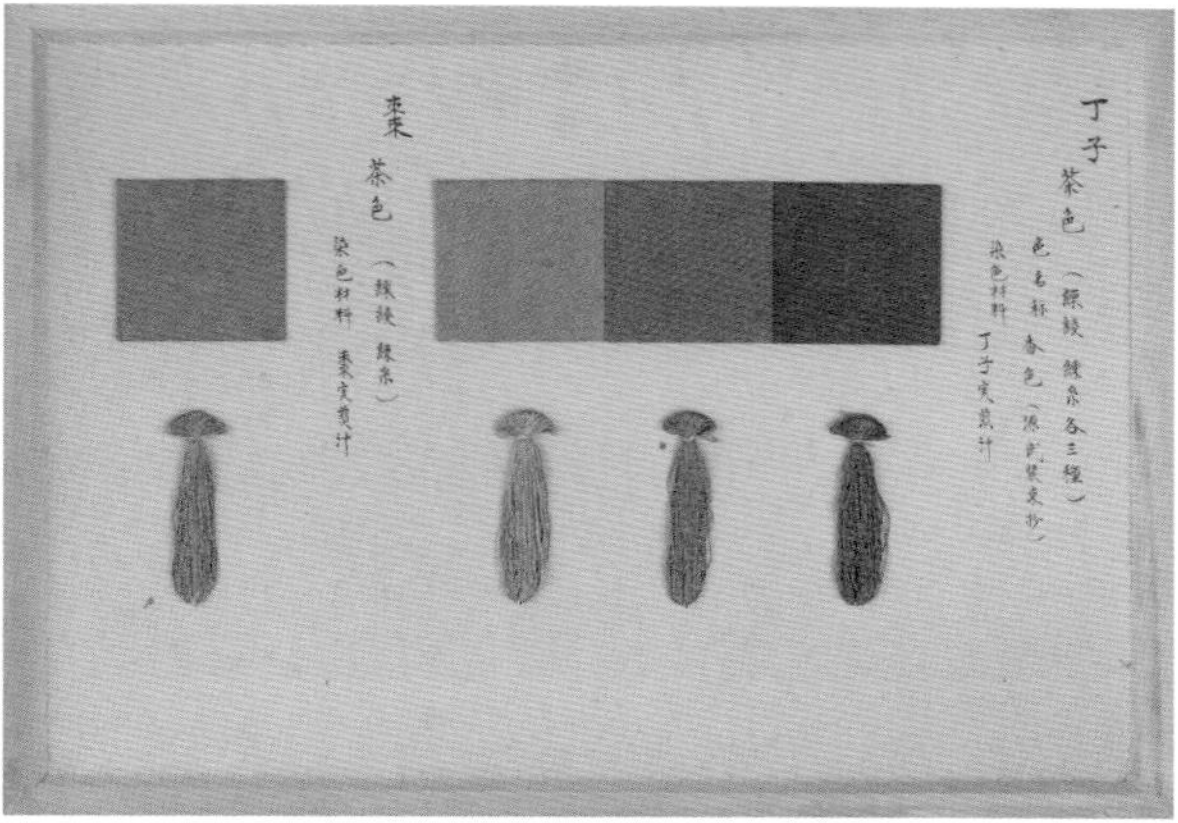
丁子
茶色（練綾 練糸各三種）
色名称 香色
染色材料 丁子実煎汁
棗
茶色（練綾 練糸）
染色材料 棗実煎汁

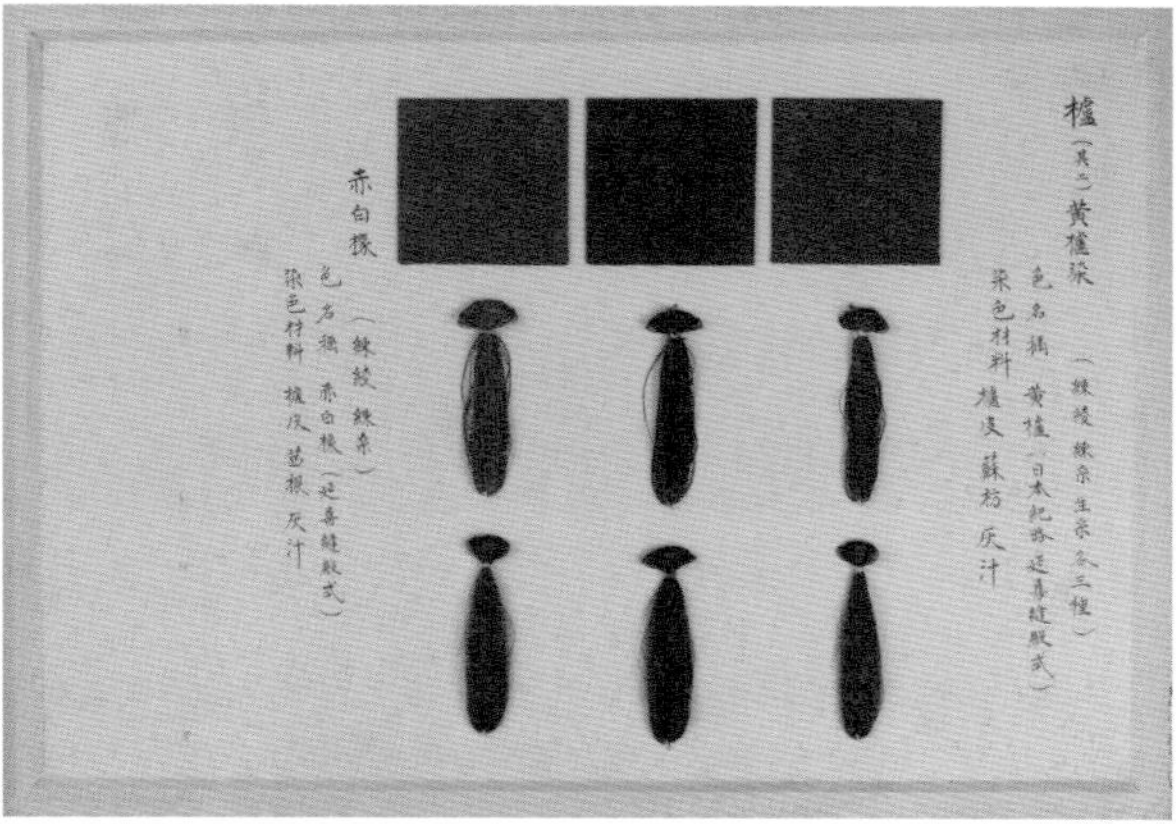
櫨（其二）黄櫨染（練綾 練糸 生糸各三種）
色名称 黄櫨（日本紀略 延喜縫殿式）
染色材料 櫨皮 蘇枋 灰汁
赤白橡（練綾 練糸）
色名称 赤白橡（延喜縫殿式）
染色材料 櫨皮 茜根 灰汁

女子の袴地

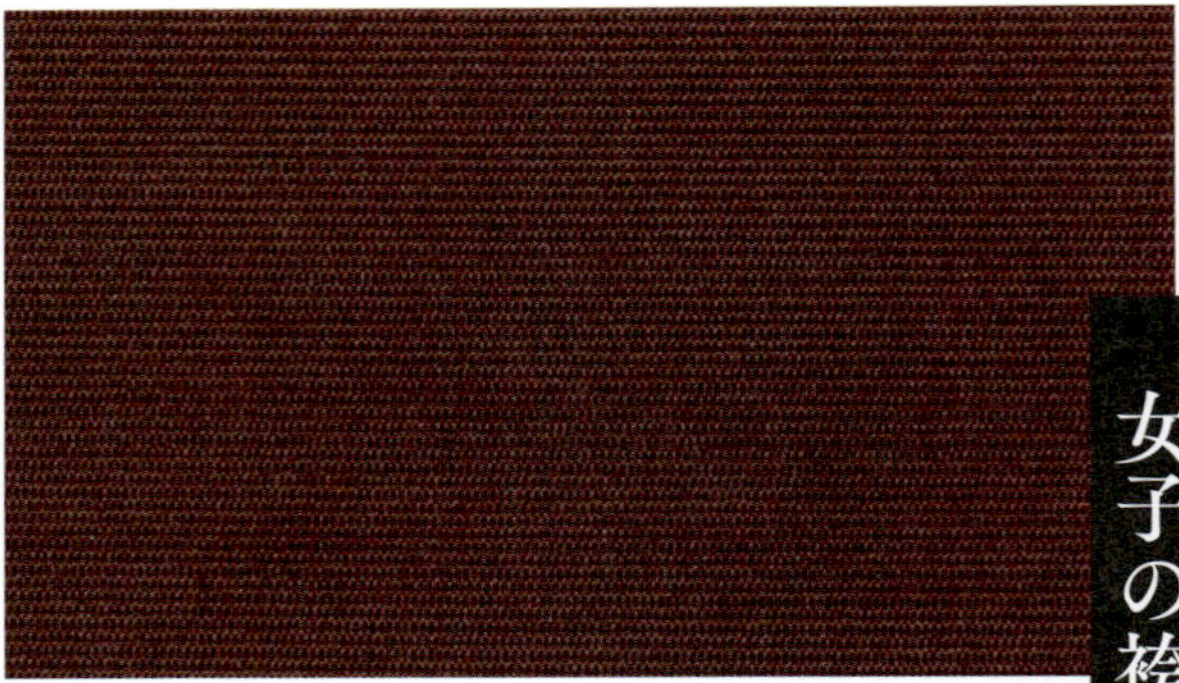

「精好《せいごう》」と呼ばれる張りのある固い絹地を用います

（上）濃。近代の十六歳までの女子は袴・単《ひとえ》・小袖《こそで》の色彩は濃を用いました。現代では未婚者が用いる色と認識されています

（下）紅。古くは十六歳以上、現代では既婚者の色とされます

忌色《いみじき》

明治天皇の大喪で用いられた忌色。『皇室喪儀令』で定められています

（上）黒橡（麻）。大喪儀祭官の袍

（下）鈍色《にびいろ》（麻）。大喪儀祭官の奴《ぬ》袴《ばかま》

女子の忌色

『皇室喪儀令』による女官（高等官）の袴の忌色
（上）柑子《こうじ》色（麻）。喪期第一期・第二期で着用します
（下）萱草《かんぞう》色（麻）。喪期第三期で着用します

忌色の靴

袿袴《けいこ》道中着で履く靴は、袴の色の生地を張るため、大喪に際しては靴も忌色になります

参考文献

『西陣の栞』西陣織物同業組合編（西陣織物同業組合、一九一一年）

『今上陛下御即位式寫眞帖』帝國軍人教育會編（帝國軍人教育會、一九一五年）

『御即位式大典録後編』鈴木暢幸・小松悦二編（御即位大典紀念会、一九一五年）

『実業之日本臨時増刊　御大典記念写真帳』（実業之日本社、一九一五年）

『大正大典史』關根正直・清岡長言監修（帝國教育研究會、一九一五年）

『即位大礼記念帖』（桜橘協会、一九一六年）

『大正大礼京都府記事庶務之部上・下』（京都府編、一九一七年）

『御大礼画報』（大阪毎日新聞社・東京日日新聞社、一九二八年）

『皇族御写真帖』（皇徳奉賛会、一九二八年）

『旧御寮織物司　三上家略史』佐々木信三郎（三上正之助装束店、一九三五年）

『装束の知識と著法』八束清貫（文信社、一九六二年）

『西陣　美と伝統』西陣五百年記念事業協議会（西陣五百年記念事業協議会、一九六九年）

「近世有職織物の基礎研究」北村哲郎（『東京国立博物館紀要』第4号所載、一九六九年）

「染織」山辺知行（『原色日本の美術20』、小学館、一九六九年）

『西陣史』佐々木信三郎（思文閣出版、一九三二年、一九八〇年復刻）
『喜多川平朗 有職織物・羅／深見重助 唐組』岡田譲ほか編（『人間国宝シリーズ17』講談社、一九八一年）
『公家の染織』高田倭男編（『日本の染織２』、山辺知行監修、中央公論社、一九八二年）
『高倉家調進控 装束織文集成』國學院大學神道資料展示室編（学校法人國學院大學、一九八三年）
『御寮織物司井関家家史　紋屋相模』駒敏郎（井関栄二、一九八八年）
『公家の服飾』河上繁樹（『日本の美術８』、至文堂、一九九四年）
『中世公家の経済と文化』菅原正子（吉川弘文館、一九九八年）
『皇族・華族古写真帖　愛蔵版』（新人物往来社、二〇〇三年）
『有職文様』猪熊兼樹（『日本の美術５０９』、至文堂、二〇〇八年）
『日本の食と酒』吉田元（講談社学術文庫、二〇一四年）
『京都の御大礼――即位礼・大嘗祭と宮廷文化のみやび』「京都の御大礼―即位礼・大嘗祭と宮廷文化のみやび―」展実行委員会編（思文閣出版、二〇一八年）

〈協力〉宮崎訓子／井筒グループ
〈撮影〉野口 彈
〈撮影助手〉大関友里恵・大友美和・斉藤しのぶ
〈本文デザイン〉大武尚貴

二四、二九、九〇、一二二、一四四、一四五、一四六、一七七、二九六、二九七、三一三頁の図版はColBase
(http://colbase.nich.go.jp) を出典とした。

詳解《しようかい》
宮《きゆう》廷《てい》と有《ゆう》職《そく》の染《せん》織《しよく》

八《はち》條《じよう》忠《ただ》基《もと》

令和７年　１月25日　初版発行

発行者●山下直久

発行●株式会社KADOKAWA
〒102-8177　東京都千代田区富士見2-13-3
電話　0570-002-301（ナビダイヤル）

角川文庫 24516

印刷所●株式会社暁印刷
製本所●本間製本株式会社

表紙画●和田三造

ISBN 978-4-04-400807-9　C0121

○○○

角川文庫発刊に際して

角川源義

第二次世界大戦の敗北は、軍事力の敗北であった以上に、私たちの若い文化力の敗退であった。私たちの文化が戦争に対して如何に無力であり、単なるあだ花に過ぎなかったかを、私たちは身を以て体験し痛感した。西洋近代文化の摂取にとって、明治以後八十年の歳月は決して短かすぎたとは言えない。にもかかわらず、近代文化の伝統を確立し、自由な批判と柔軟な良識に富む文化層として自らを形成することに私たちは失敗して来た。そしてこれは、各層への文化の普及滲透を任務とする出版人の責任でもあった。

一九四五年以来、私たちは再び振出しに戻り、第一歩から踏み出すことを余儀なくされた。これは大きな不幸ではあるが、反面、これまでの混沌・未熟・歪曲の中にあった我が国の文化に秩序と確たる基礎を齎らすためには絶好の機会でもある。角川書店は、このような祖国の文化的危機にあたり、微力をも顧みず再建の礎石たるべき抱負と決意とをもって出発したが、ここに創立以来の念願を果すべく角川文庫を発刊する。これまで刊行されたあらゆる全集叢書文庫類の長所と短所とを検討し、古今東西の不朽の典籍を、良心的編集のもとに、廉価に、そして書架にふさわしい美本として、多くのひとびとに提供しようとする。しかし私たちは徒らに百科全書的な知識のジレッタントを作ることを目的とせず、あくまで祖国の文化に秩序と再建への道を示し、この文庫を角川書店の栄ある事業として、今後永久に継続発展せしめ、学芸と教養との殿堂として大成せんことを期したい。多くの読書子の愛情ある忠言と支持とによって、この希望と抱負とを完遂せしめられんことを願う。

一九四九年五月三日